河南史前遗址

（瑞典）安特生　著

王　涛　秦存誉　徐小亚　译

文物出版社

图书在版编目（CIP）数据

河南史前遗址／（瑞典）安特生著；王涛，秦存誉，
徐小亚译 . —北京：文物出版社，2021.10
（仰韶文化发现暨中国现代考古学诞生 100 周年纪
念丛书）

ISBN 978 – 7 – 5010 – 7184 – 5

Ⅰ.①河…　Ⅱ.①安…②王…③秦…④徐…　Ⅲ.
①新石器时代文化 – 文化遗址 – 调查研究 – 河南　Ⅳ.
①K878.04

中国版本图书馆 CIP 数据核字（2021）第 158777 号

河南史前遗址

著　　者：（瑞典）安特生
译　　者：王　涛　秦存誉　徐小亚

责任编辑：李　睿　吕　游
封面设计：王文娴
责任印制：王　芳

出版发行：文物出版社
社　　址：北京市东城区东直门内北小街 2 号楼
邮　　编：100007
网　　址：www.wenwu.com
经　　销：新华书店
印　　刷：宝蕾元仁浩（天津）印刷有限公司
开　　本：787mm×1092mm　1/16
印　　张：18.25
版　　次：2021 年 10 月第 1 版
印　　次：2021 年 10 月第 1 次印刷
书　　号：ISBN 978 – 7 – 5010 – 7184 – 5
定　　价：180.00 元

仰韶文化发现暨中国现代考古学诞生 100 周年纪念丛书编委会

顾　　问：陈星灿

主　　任：刘南昌　范付中

副主任：牛兰英　庆志英　杨跃民

委　　员：任战洲　毋慧芳　谢喜来　钱　程　宁会振
　　　　　刘军伟　石线伟　姚振波　黄世民

丛书编辑人员

主　　编：陈星灿

副主编：侯建星

编　　辑：贺晓鹏　陈　莉　杨拴朝

编　　务：张　洁　马彩霞　姚晓燕

序言

中国现代考古学为何从 1921 年的仰韶村发掘算起

　　近代意义上的田野考古学从 19 世纪后半期即在中国开始。到 20 世纪初叶，西方列强的探险队在中国的西、北部边疆，日本人在中国的辽东半岛、华北和台湾等地开展了包括考古学、民族学在内的广泛而深入的考察活动。这是外国人的工作。1918 – 1919 年，河北巨鹿故城发掘，1923 年河南新郑铜器群的发现，揭开了中国人自己考古发掘的序幕。同在 1921 年，还在仰韶村发掘之前，安特生在当时的奉天（今辽宁）锦西沙锅屯发掘了一个史前洞穴——沙锅屯遗址，随后很快发表了发掘报告①，但为什么考古学界会把 1921 年仰韶村的发掘作为中国现代考古学的开始之年呢？

　　仰韶村遗址，虽是瑞典人安特生（J. G. Andersson，1874 – 1960）发现并主持发掘的，但这是农商部地质调查所田野工作的组成部分②。安特生是中国政府农商部矿政司高薪聘请的顾问，他的主要工作本来是帮助中国政府寻找煤矿和铁矿。1914 – 1916 年，他在新成立的地质研究所担任教学工作。地质调查所成立后，他又长期在新生代研究室工作，对于我国北方地区的新生代地质研究贡献卓著。到了 1920 年，安特生的兴趣逐渐发生了转移，根据他在华北等地采集的磨制石器，他不仅发表了论文《中国新石器类型的石器》③，还派中国助手刘长山到河南渑池仰韶村寻找更多的石器标本。刘长山从仰韶村带回来 600 多件磨制石器，这才有了安特生次年 4 月的第二次仰韶之行（1918 年 12 月 8 日，为采集古脊椎动物化石安特生曾经到过仰

---

① 安特生著、袁复礼译：《奉天锦西沙锅屯遗址洞穴层》，中国古生物志丁种第一号，1923 年。

② 地质调查所成立于 1913 年，1916 年开始工作，成立时属工商部。1914 年，工商部和农林部合并为农商部，地质调查所遂属农商部。1928 年改属农矿部，1930 年改属实业部。抗战时期实业部改为经济部，地质调查所遂改属经济部。当时河南、湖南、两广等省，分别成立省地质调查所，为了与省地质调查所相区别，1941 年正式定名为中央地质调查所。1950 年中共中央决定成立中国地质调查工作计划指导委员会，统一指导全国的地质工作。全国地质机构开始施行大调整，地质调查所正式宣布撤销，完成了它的历史任务。参见程裕淇、陈梦熊主编：《前地质调查所（1916 – 1950）的历史回顾——历史评述与主要贡献》，地质出版社，1996 年，第 1 – 25 页。

③ J. G. Andersson, Stone implements of Neolithic type in China, Reprinted from *the Anatomical Supplement to the China Medical Journal*, July, 1920.

韶村）。在村南冲沟的断面上，发现了厚厚的灰土层，发现了彩陶片和石器的共存关系。这是仰韶遗址发现之始①。

1921 年秋天，在征得农商部以及地质调查所的同意后，又同河南省政府以及渑池县政府取得联系并得到他们的支持，安特生和他在地质调查所的同事袁复礼以及安特生的数名中国助手，前往渑池开始了对仰韶遗址的第一次科学发掘。

如所周知，这次发掘，取得了惊人的成绩，不仅发现了仰韶文化——"中华远古之文化"，使中国无石器时代的理论不攻自破，而且也为寻找中国史前文化和西方史前文化之间可能的联系开辟了广阔的前景。安特生通过跟中亚的安诺（Anau，又译"亚诺"）和特里波列（Tripolje，又译"脱里波留）文化出土彩陶的对比，提出仰韶文化西来的假说。虽然此前在中国华北、西北、东北和西南等地零星发现过不少磨制石器，但仰韶村的发掘，因为发现跟中国历史时期文化的密切联系，被称为中国的"第一个史前村庄"，及与西方史前文化可能的联系，还是给中国和国际学术界带来前所未有的震撼②。仰韶村的发掘者是安特生，但这个重要的考古发现，实在是 20 世纪初叶中国科学界的一项重要成就。

在 1923 年安特生所著仰韶村考古发掘简报《中华远古之文化》发表之前，袁复礼发表的简讯③（Notice），这也是目前所知仰韶村发掘和仰韶文化发现的第一次公开报道——就肯定这次发现是地质调查所的。袁复礼是这样说的："这个发现是因为一九二一年四月，中国政府矿政顾问安特生博士（J. G. Anderson）在河南旅行，经过渑池地方首次发现的。后来在十月得了政府允许，方才去到那里掘挖。"④ 又说："按说这次发现的事，是从地质调查所方面办的。所以这篇先期的报告，虽有新闻性质，论科学家的发现规律（Credit of Discovery and Priority），也应让《地质汇报》方面先登。不过地质调查所丁文江、翁文灏两所长，对于从地质方面去研究文

① 陈星灿：《中国史前考古学史研究（1895－1949）》，生活·读书·新知三联书店，1997 年，第 87－94 页。J. G. Andersson, *Children of the Yellow Earth*, The MIT Press, Cambridge, Massachusetts, 1973, pp. 163－187. J. G. Andersson, Researcher into the Prehistory of the Chinese. *The Museum of Far Eastern Antiquities*, No. 15, pp. 9－12.

② 安特生著、袁复礼节译：《中华远古之文化》，《地质汇报》第五号，农商部地质调查所印行，1923 年。J. G. Andersson, *Children of the Yellow Earth*, The MIT Press, Cambridge, Massachusetts, 1973, pp. 163－187.

③ 袁复礼：《记新发现的石器时代的文化》，《国立北京大学国学季刊》第一卷第一号，1923 年 1 月，第 188－191 页。胡适在此文的编者按语中说，他本来是邀请安特生撰文的，但是因为安特生要为"地质汇报和中国古生物学撰文，故推荐了他的朋友袁复礼先生"。而袁复礼因为又要去河南参加发掘，"行期很逼迫，不能作文"，所以只好请他"先替我们做一篇简短的记事（Notice）"。所以这篇短文，只能算是一个"简讯"（Notice）。

④ 同上引文第 190 页。袁复礼把安特生的名字 Andersson 错写为 Anderson。这个错误胡适也犯过。见陈星灿、马思中：《胡适与安特生——兼论胡适对 20 世纪前半中国考古学的看法》，《考古》2005 年第 1 期，后收入陈星灿：《20 世纪中国考古学史论丛》，文物出版社，第 146－163 页。

化史，极为赞成。安特生博士亦将他所有的底稿给我读过。所以他们三人允许我将这事在这里先简略发表，作一个介绍的文。将来安特生博士的大作出来，那个历史以前的文化方能有详细的论说。"① 这是当事人的看法，也是实情：仰韶的发现权虽然是安特生的，但也是中国政府的研究机构"地质调查所"的，一篇短文发表须得到两位中国地质调查所所长丁文江、翁文灏和发掘者安特生本人的许可，也充分说明了这一点②。

不仅因为仰韶村的发掘是地质调查所的一项重要工作，也是因为这项发现太重要了，它涉及了中国文化的起源问题，所以才能得到国际学术界和中国社会各界的高度关注。从袁复礼披露的情况看，安特生即将在地质调查所主编的《地质汇报》第五号上发表的《中华远古之文化》（An Early Chinese Culture），本来的名字是"在中国的一个古文化"（An Early Culture in China）"③，两个题目看起来差别不大，实际上则有很大不同。因为正式发表的简报更加强调仰韶村发现的是"中国人的早期文化"或者"中国的早期文化"，而不是"在中国的一种古文化"。

要之，其一，仰韶遗址和仰韶文化是中国地质调查所的一项重要发现；其二，这个重要发现第一次从考古学上证实了"中国石器时代文化"或"中国史前文化"的存在，触及到了中国文化起源这一重大学术问题，所以即便是 20 世纪 50 年代把安特生的一系列考古发现和发掘列为"近代外国人在中国的工作"一部分的时候，中国考古学界也没有否认安特生的工作是地质调查所工作的一部分④。也就是说仰韶村的发掘和仰韶文化的发现是中国自己的科学研究机构的工作。仰韶村的发掘，标志着近代意义上的中国科学考古学的开始。这也是 2021 年我们纪念仰韶文化发现

---

① 同上引袁复礼文，第 190 - 191 页。

② 我在上引拙文中，根据胡适日记，推断袁复礼此文没有发表过，因为 1922 年 4 月 18 日的胡适日记里这样说："校袁复礼的《记新发现的石器时代的文化》。已付抄了，他从开封来一信，要我缓发此文。"我推测袁复礼提此要求，可能跟安特生有关，推论"缓发此文的要求也许就是安特生提出的"。（参见上引书第 150 - 151 页）我现在仍旧这么推测，但此文最后还是发表在了胡适任编辑委员会主任的《国立北京大学国学季刊》第一卷第一号上。为什么发表此文，估计跟丁文江、翁文灏的同意有关，也可能因为安特生自己的考古发掘简报《中华远古之文化》同年即发表在地质调查所编辑的《地质汇报》上，两者几乎可以说同时发表。看胡适日记，安特生 1922 年 3 月 27 日在协和医院讲《石器时代的中国文化》，一周后的 4 月 1 日，胡适参观安特生在仰韶村发掘的出土物。第二次见面，胡适即邀请安特生为《国立北京大学国学季刊》撰文记此事的原委，安特生推荐"最好是请袁复礼君做"，这就是袁复礼此文的由来。

③ 同上引袁复礼文，第 190 页。

④ 徐苹芳：《考古学简史》，原载中国科学院考古研究所编《考古学基础》，科学出版社，1958 年，后编入《徐苹芳文集》。文中说："1914 年地质调查所成立后，对中国的石器时代考古影响很大，先后发现了仰韶文化、沙锅屯遗址、甘肃青海的彩陶文化等，他们采用地质学上的科学工作方法，在这样的基础上，才有李济等的西阴村发掘，才有 1927 - 1930 年周口店旧石器时代的发掘，其主持者为裴文中等。"引自徐苹芳著：《考古剩语》，上海古籍出版社，2019 年，第 179 页。

100 周年暨中国现代考古学诞生 100 周年的原因所在。

为了纪念仰韶文化发现暨中国现代考古学诞生 100 周年，我们编辑了这套丛书：有安特生的《河南史前遗址》《巨龙与洋人》《中国北部之新生界》都是第一次翻译成中文；有瑞典当代学者扬·鲁姆嘉德（中文名杨远）撰写的《从极地到中国——瑞典考古学家安特生传》，是安特生唯一的传记，也是第一次译成中文出版；还有中美两国学者研究仰韶文化酿酒的著作《仰韶文化与酒》，中国学者撰写的《仰韶之美——仰韶文化彩陶研究》《圣地百年——仰韶村遗址发现百年纪事》《渑池县文物志》，内容相当丰富，也相当杂驳，但都围绕着仰韶和仰韶文化的发现和研究。

总结过去，是为了将来中国学术的创造性发展。我们相信这一天终将到来。是所望焉。谨序。

2021 年 8 月于北京

陈星灿

目录

图版目录

河南史前遗址

第一章　仰韶村遗址

第一节　遗址发掘

（一）发现遗址与准备发掘

1919 年夏天，中国地质调查所（The Geological Survey of China）一位年轻的野外工作人员朱德敦（T. O. Chu）先生在热河以东的南满州（Southern Manchuria）西部进行了一次考察。当他开始此行时，我让他去打听石器的情况，他很成功地带回了许多标本，其中有些标本是他从当地人那里得到的，非常漂亮。

1918 年 12 月，在瑞典传教士的协助下，我在黄河以南河南（Honan）中部的新安（Hsin An）和渑池县（Mien Chih Hsien）地区，首次发现了哺乳动物化石，属于来自黄土的蓬蒂阶三趾马动物群。

朱先生在满洲西南部的发现使我很受鼓舞。1920 年秋，当我的私人助手刘先生被派往河南继续工作时，我让他去打探石器的下落，他也成功寻找到了。在渑池县仰韶村，他在村民的帮助下，收集到了几百件石器，有斧、锛、锄、刀等，其中有些质量很好。

似乎有一些很明显的迹象表明，这里有一个相当大的史前居住遗址。

1921 年 4 月 18 日，我和我的助手刘先生一起去了那里，这是我对这个后来被证明具有根本重要性的遗址的第一印象。

那一天，我从渑池县城沿 8 千米长的公路向北行进，来到仰韶村，目的是为了找到刘氏所获大量石器的发现地。

在仰韶村南约 1 千米处，我不得不穿过一条非常大的冲沟——这是一条真正的微型峡谷，后来发现这条峡谷让我们认识到该地区地形测量中一个非常显著的特征。当我到达峡谷北侧时，在一条沟壑的侧面，我看到了一个非常有趣的现象。在底部，红色的第三纪黏土暴露出来，它与明确划分的接触面被一种特殊的松散土壤所覆盖，充满了灰烬，并含有陶器的碎片。这可能是石器时代工具所形成的沉积物。

经过几分钟的搜索，我在堆积的最底部发现了一小块精美的红色器物，表面有

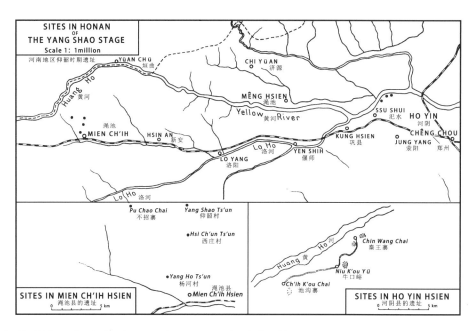

黑色的彩绘。当时我对 1903 年和 1904 年庞佩利（Pumpelly）在俄属土耳其斯坦（Russian Turkestan）的安诺（Anau）遗址发现的红地黑花彩陶器一无所知，对东南欧新石器时代晚期和埃尼奥石器时代发现的类似多色器物也几乎一无所知，因此在我看来，这种陶器与石器一起发现是不可想象的。

我有些沮丧，觉得自己走了一条误入歧途的路，于是觉得还是回到我的地质 - 古生物研究上来比较安全。

当时我对史前鸵鸟蛋特别感兴趣，我手里有好几个标本，但其地质年代还不清楚。

现在，我在 4 月 19 日又回到了这个问题的研究中，并成功地从真正的黄土堆积中发掘出了其中的一个蛋，这样，亚洲鸵鸟的年龄问题终于得到了解决。

同时，我晚上躺在床上，思考着仰韶村的谜题。我偶然会在那个村子里住下。为了一点零钱，村里的男孩们不断地把他们在田里发现的新石斧送给我，我自己也有类似的发现。另一方面，在村子的断崖上，我几乎到处都能看到厚厚的灰土，我第一天在那里发现了精美的彩绘碗的碎片。

我决定用一整天的时间在这些峡谷的断面上进行搜索，以弄清石器和彩陶之间的关系问题。经过几个小时的搜索，我从未被破坏的灰烬中找到一件精美的石锛。在一天的考察过程中，我还有其他有趣的发现，很快就清楚了，我们在这里发现了一个不寻常规模的堆积，发现了丰富的遗物，特别是陶器碎片，制作精良，经过磨光，颜色多样，正像我上面提到的。

这次我不能对新的遗址进行任何详细调查，因为我尚未获得官方许可来完成这样一项全面的任务，而且，这次还有重要的地质学和古生物学工作等着我。

回到北京后，我非常幸运地在中国地质调查所的图书馆里找到了三本精彩的书，其中描述了庞佩利（Pumpelly）考察队在俄属土尔其斯坦安诺（Anau）遗址的发现。我在其中发现了带有绘画的器物碎片的彩色插图，这让我想起了我在仰韶村发现的陶片。

同年秋天，政府批准我在仰韶村进行大规模发掘。我在地质调查所袁复礼先生和我的中国助手的陪同下，于 10 月 27 日到达仰韶村，发掘工作一直持续到 12 月 1 日。

（二） 地形环境

在对史前民居进行描述之前，我想先介绍一下这里的地形条件和对现代村落的一些看法。

仰韶村所在的渑池县，位于东接洛阳、西连西安府的古道旁，是周、汉两代文化生活的中心。

渑池县城是陇海铁路其中一个站点，位于东西走向的山谷中，南北两侧的土地被逐渐倾斜的台地所包围，台地由红色的第三纪黏土组成，上面覆盖着黄土。台地间有许多深约 30 – 50 米的峡谷，通向渑池河谷。

在南边的蓝色尽头，升起了属于秦岭（Tsin Ling）山脉的山壁，同样，在北边我们也发现了山地，它将渑池河谷与北边远处的黄河深沟悬崖相隔。在这个方向上，我们首先看到的是离我们的目的地——仰韶村北约 3 千米的石灰岩山丘。

如果从渑池往北部的仰韶村方向走，就会看到道路两边是向南延伸到渑池山谷的深沟。在这些峡谷的壁上，人们可以看到第三纪和更新世地层的结构，下面是上新世时代的红土，上面是黄土。正是在这些峡谷中，在我们以前的一次访问中，我们有了一些发现，这些发现基本上揭示了这一地区后来的地质历史：在红土中发现了一匹至今不为人知的马——长鼻三趾马（Proboscidhipparion），在黄土中发现了亚洲绝迹的鸵鸟——化石鸵鸟（Struthiolithus）。

如果该地区的地质遗迹如此丰富，那么在早期的历史时期也是如此。在这里经常可以找到汉代的瓮棺葬具和青铜器，在仰韶村北面的一个邻村中，我们看到了不少于 24 件陶器和一个青铜盘。后期的建筑遗迹在北面的石灰石山上可以看到，那里的一座寺庙和两座古堡既见证了和平的沉思，又历经了动荡的危险年代。

人们对祖先的传统崇拜，从道路两旁雕刻精美的当地名人纪念碑中可见一斑，肥沃、开垦良好的乡村给人一种虔诚和神圣的印象。因此，公正的说，从广泛意义上来看，很难想象这个我们现在正要仔细研究的大型史前遗址在早期被建造的更丰富。另一方面，这个石器时代聚落遗址的发现，将把更遥远的地质发现与历史时期联系起来，成为我们目前所知的这些地区人类活动的最古老的遗址。

现代的仰韶村位于西沟（Hsi Kou）和东沟（Tung Kou）两条峡谷最内侧的狭窄顶点（地图1）。村庄中部位于黄土高原之上，由独立的砖瓦房组成，但在东沟和西沟最北端都有完全不同类型的房屋，即在峡谷一侧挖出的黄土窑洞。村子很小的一部分——从某种意义上来说，本身就是一个小村子——远在南边的东沟里面。在东沟和西沟交汇处形成的半岛上，有一些废弃的洞穴，表明这里曾经有一些民居，即西子沟（Hsi Tzu Kou，地点Ⅸ），旁边有一座小庙。

这个农业小社区的生活在百年来的习俗中，以统一的规律节奏进行。生活仍然很简单，生存也很艰难。因此，人们的兴趣集中在物质上，而维持生计的活动主要是耕种肥沃的黄土。

季节中最不可估量的因素是降雨量。由于肆意砍伐破坏了最后的原始森林，根据石器时代的沉积物，森林曾经覆盖了这片土地，因此无树的黄土平原对降雨量的变化变得异常敏感。如果正常情况下的微弱降雨失败了，高原上就没有水分储备，就会出现无数沟壑。另一方面，如果夏季降雨伴随着云雾狂暴而来，就像经常发生的那样，沟壑会以灾难性的速度扩大。新的微型峡谷在一夜之间形成，房屋受到威胁，道路被改道。最怕的是干旱，干旱是饥饿的代名词。

很自然地，这些农民的许多家庭用具都带有古代的印记。我们越是熟悉这些简单的器具，就越是清楚地知道，它们中的许多可以追溯到史前时代的原型。但是，现代河南农民的生活大多指向退化，这些淳朴的人不知道他们山沟沟里的器物碎片代表了一种史前的陶瓷艺术，这种陶瓷艺术在仰韶文明时期最为繁荣，而在中国陶瓷史上，直到宋代才有类似的高艺术水准。

仰韶村的史前文化遗存位于现代村落的南面，在东沟和西沟这两条大峡谷围合的黄土高原上的一块分离的土地上。因此，从整体上看，峡谷构成了它的一个框架。但在这个框架之外，还有一小块文化堆积的区域，就在通往渑池的道路与峡谷的交汇处，靠近一个叫东子沟（Tung Tzu Kou）的小村庄。在这里，从渑池到仰韶村下到峡谷的这条路上，我发现了三个深袋状灰坑，有木炭和丰富的陶器。

另一方面，在现代村的正南面，有相当多的荒芜地带。但在山沟间的南半部或更多的岛屿内，几乎每一个平方码（译者注：英制面积单位）都能发现厚度在1至5米的文化堆积，平均约3米。主要山沟内的遗址范围大致以地图1中编号的Ⅰ-ⅩⅧ号发掘点为标志，沿东北-西南方向，古村落区域长度近900米，宽度约300米，我们计算出文化堆积的面积约为24.3万平方米。

（三） 仰韶遗址发掘点描述

Ⅰ. 从主村南向东 500 米，峡谷路东 170 米处，在地点Ⅰ的地方，我和庄先生于 10 月 31 日发现一个含有文化层的地点，次日进行了发掘。这里的文化堆积只有 0.5 – 0.6 米厚，它形成了一个直径 2.8 米的圆形区域。

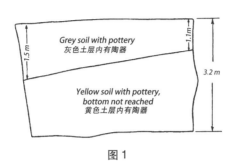

Grey soil with pottery
灰色土层内有陶器

Yellow soil with pottery,
bottom not reached
黄色土层内有陶器

1.5 m 1.1 m 3.2 m

图 1

Ⅱ. 就在峡谷路的东边处，对面是峡谷公路的第 97 米路段，地图 3，我们于 11 月 1 日开始了一段东西走向的发掘。探沟西端仅在峡谷路东侧 4.5 米处。探沟长度为 20 米，但只有东半部的一部分（见图 1）被挖到了最深 3.2 米。在这一部分剖面，顶部有 1 – 1.5 米的灰土，含有陶器，下面有 1.7 – 2.1 米的黄土，也含有陶器。文化层底部没有在这个探沟发现。

Ⅲ. 一条探沟，距地点Ⅱ不远的北部，靠近路堑东侧。探沟长约 10 米，沿 N 10°E 到 S 10°W 方向延伸，最大深度为 1.6 米，其中上部 1.2 – 1.3 米为灰褐色不纯文化层。底部为 0.3 – 0.4 米的红色黏土，有少量石灰碎块。

Ⅳ. 此地点位于解剖沟东部，在东部峡谷名中的"沟"字以北 80 米处（地图 1）。图版 84 使人非常清楚地了解了该地的地形特征。在峡谷侵蚀留下的一条狭长的山脊上，我们注意到在黄土中垂直挖出了一个了不起的解剖沟，并填满了文化堆积。这条解剖沟是由师丹斯基（Zdansky）博士仔细发掘的，图版 84 显示了这个地方最后阶段的情况。文中的图 2 给出了相应的垂直剖面图。虚线表示的底部，在照片中看不到。

解剖沟壁的最大高度为 5.4 米，最大直径为 1.85 米，底部两个方向的直径分别为 0.97 和 1.09 米，壁的最低残存部分的高度为 0.6 米，在解剖沟的下部至底部 2.7 米处，填充物呈明显的水平分层，有砾石、砂和黏土交替排列，约几厘米厚。陶器在砾石带中最为常见。在距底部 2.4 米的高度，沉积物中有许多植物印迹。填土的上部几乎完全没有分层。

Ⅴ. 在地点Ⅲ路北侧附近，靠近峡谷路东壁处有两具骨架（《中国史前史研究》

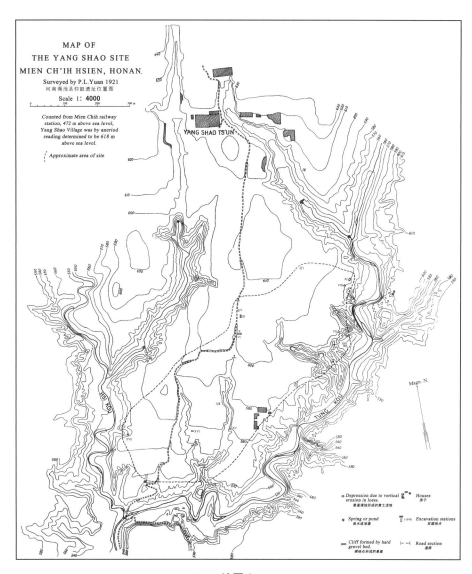

地图 1

图版 198，1）。在土壤表层下的浅层发现了两具骨架（A 和 B）。发掘它们的师丹斯基博士给出了以下报告："有两具骸骨的坟墓（A 和 B）。两具骨架都以棱形的姿势伸展开来。上骨架的左手（A）在左大腿上，右手在骨盆旁。头部转向 SW 15°S。上骨架覆盖下骨架，因此在上骨架右臂旁 10 厘米处可见下骨架的右臂，下骨架的头部在上骨架的后方约 15 米处。除了大量的陶罐碎片外，遗物还包括一根断面呈环形的断裂棒和一块形状异常的骨箭镞片，这两块碎片的出土高度远高于骨片，显然与墓葬无关。在紧邻上骨架的右手腕上方随意散落的陶片上，有一块半圆形轮廓的石英石，在右手的指尖上方。最后，在颈部右侧有一根断裂的棒状首饰戒指，在颈部上方由右前下到左后上斜着一个平行长边的扁骨铲。

下骨架（B）中仅保存有右上颌、下颌、右侧胸骨、右前肢（不包括指骨）、左肩胛骨碎片、上骨架股骨间发现的一节骨。下层骨架上没有任何遗物。"（译者注：引文原文为德语）

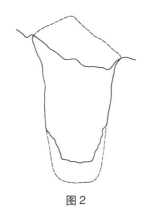

图2

Ⅵ. 峡谷路东壁的小型发掘。

Ⅶ. 东边悬崖上的骨架。师丹斯基博士在发掘这具骨架时，黄土从他的脚下滑落，他跌落了 20 米，不过没有受到非常严重的伤害。由于该地点非常危险，没有进行进一步的观察。

Ⅷ. 在东边的悬崖上，位于Ⅶ北边不远处，步达生（Black）发现了一些人的腿骨。

Ⅸ. 在遗址的最南端，即一个小祠堂北面的一些洞穴（废弃的住宅）的西侧，发现了一些人骨，这些人骨嵌在细沙和黏土层中的沙质透镜体中。当地的情况如图3 所示，并附说明。沙床的坡度非常平缓，向北倾斜（约 1：50）。

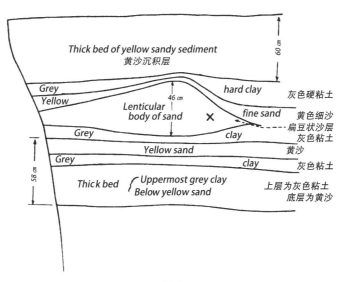

图3

Ⅹ. 步达生博士在通往南部小村的小山沟西处的灰土中发掘。

Ⅺ. 张氏在东崖北侧发掘。长达 7 米，张氏挖到了厚度约一米的文化堆积，灰土与木炭、黄土交替出现。

Ⅻ. 小南村。从小南村东北方向 100 米处，我们在调查的头几天就注意到在朝向东南方向的黄土崖上有一些骨头突出。当步达生博士在 10 月 11 – 13 日期间访问我们时，我带他看了这个悬崖，他立即明确表示，这些突出的骨骸（大部分是腿骨）是人类的，因此，我们在这里发现了一个真正的墓地。地图 4 中清楚地展示了这些墓葬的分布情况。我们发现的悬崖可以凭记忆大致复原如见地图 4：切去 E 和 D 的较大部分，穿过 L，切去 R 的上半部和 T 的头部，经过 M 的脚边，切去 C 的最上部。

由于步达生博士因急事被迫返回北京，师丹斯基博士自告奋勇地承担了这一遗址的发掘工作，他非常认真地完成了这项任务。在发掘过程中，他还勘测了地图 4 所示的平面图。在我们进一步描述该遗址之前，可能有必要简单解释一下该图的构造。

师丹斯基博士所做的所有测量都是由三维坐标确定的，两个水平坐标 X 和 Y，一个垂直坐标 Z，以地表的 O 点作为所有测量的零点。墓葬 D 和 E 没有在地图 4 中显示，因为它们离主墓群太远。

现在让我们先调查一下骨架的垂直分布情况，如大写字母标记不同骨架下面印制的 N – 345 号等所示。然后我们要注意到，在这个墓地中发掘的最上层墓葬是 I – 279 号。300 以上的只有 G 和 K 两座。在 15 座有垂直位置记录的墓葬中，在 320 – 370 号的墓葬不少于 7 座，因此应将其视为该墓地的垂直中心。所有墓葬中最低的墓葬为 T 415。因此，最低的墓葬与最高的墓葬之间的垂直距离为 1.36 米，该遗址所有垂直记录的墓葬都在该层内。279 米以上是贫瘠的土壤，可能在很大程度上是农田梯田化时带来的。覆盖土由厚达 1.5 米的黄土表层和 0.9 米的黄灰色过渡层组成，过渡层下面是典型的灰色土。

如果我们现在继续考察这些骨架的水平位置，会注意到，就我们从师丹斯基的平面图上可以判断，它们都是以水平靠背的方式摆放的。其中不少于 9 具的头部几乎是转向东南，从 E 31°S 到 S 31°E 不等，也就是在只有 28° 的幅度内。其余 4 个中，G 和 H 几乎平行，分别为 W38°S 和 W43°S。K 头部转为 S 30°W，M 则为 N 37°W，二者为个别例外。深度在 320 – 370 米的多数群体中，水平方向上头部转向东南的骨架有四具，但在同一垂直群体中，也有 M 这样的特例。其他的例如 G、H 和 K 都出现在 300 水平附近。因此，在早期的墓葬中，头朝东南方的方向似乎占了多数，而在上层的墓葬中，这一习俗则变得更加多样。只有 Q 墓中有一件由五件器物组成的丰富的陶器随葬品。其余的墓葬在发掘过程中，在不同的地方发现了一些小的器物。

这些物品见图版 78－79，并在"墓葬中的小发现，地点Ⅻ"的特别标题下进行了描述。每个标本都给出了师丹斯基测量的坐标，但我没有理由相信它们与墓葬有关。这种偶然的发现几乎在每立方米的仰韶文化堆积中都有。

在描述地点Ⅻ的时候，我们偶然发现在这个地方下面不远处的小村庄方向，有不少于 15 个高 47－77 毫米的小件陶器，它们紧紧地站在一起（图版 25－27）。

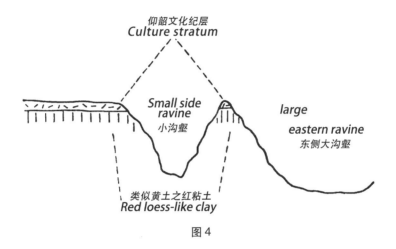

图 4

Ⅻ. 这个地点位于距离地点 Ⅳ 东北方向 60 米的地方。该地点在图版 81，2 以及图 4 中都有显示。峡谷的侵蚀将这里曾经连续的文化层剖开，正是袁先生所站之处，以致一小块顶层文化堆积与主要的文化堆积隔离开来。

ⅩⅣ. 这个地点位于所有编号点中最南端的地方（图版 83），位于东部峡谷的一个急拐弯处，出现了与地点Ⅻ所述相同的侵蚀现象，只是规模更大。由于充分了解这些侵蚀过程对于解释仰韶史前聚落的总体环境具有重要意义，因此，下面将用一个专门的小章节来全面讨论这个地点和与侵蚀问题有关的所有其他观察。

ⅩⅤ. 在南部小村以西的冲沟里发掘。

ⅩⅥ. 在南部小村西面两个小山沟之间发掘深袋状灰坑。这将在下一章的袋状灰坑中详细介绍。

ⅩⅦ. 西边峡谷的解剖沟。我们在仰韶村的最后一个星期，我的随从张先生在西边的大山沟发现了一个类似于上文地点 Ⅳ 所述的竖井。这个竖井的深度不到七米。在其发掘过程中发现了一个非常有趣的特征：在灰土的填充物中发现了一个空洞，里面有陶器。这个洞是垂直的，长 1.30 米，侧面笔直光滑；横截面的尺寸是 34 × 12 厘米，如图 5 所示。在同样的灰土填充物中，还有两个水平的空洞，尺寸小得多，但其他方面和大洞一样。毫无疑问，这些空洞里曾经装过一些易腐烂的物品，这些物品已经完全风化了，除了和土层填充物一起扔下来的小块木头外，几乎不可能是其它什么东西，很可能是石器时代的人还在这里生活的时候就已经有了，这一点我们将从下面关于侵蚀的讨论中更好地理解。

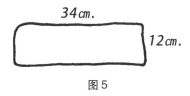

图 5

我完成了仰韶村遗址的调查后，我的两个随从又回到那里，进行了补充采集。这些采集主要是在遗址南部丰富的地方进行的，在我们的标签上命名为"王氏以西"（West of Wang）和"白氏（Pai）袋状灰坑"（Pai's pocket）的两个点。这两个点的具体位置我无法说明，但它们都在海拔数字 590 与出土点 X 和 XV 之间的南部小村西面。

（四） 公路峡谷和袋状灰坑

从仰韶主村向南经过仰韶古民居中部的那条路，穿过 3 – 5 米深的沟壑，为研究文化堆积的深度和结构提供了很好的机会。

地图 3 展示的断面是我沿此路峡所测。该段起于地点 V 的北面，止于地点 VI 的西段。它的确切位置用两个虚线箭头标出。断面的总长度为 161 米，为向南的缓坡。断面地表北高南低，南端比北端低 6 米。

在这个地方，文化堆积下的地层随处可见红色上新世黏土，并有许多小的石灰礓石。值得注意的是，这里的黄土在上新世的黏土上是看不到的，而在遗址周围的两个深沟的悬崖上却有相当的厚度。

文化堆积几乎贯穿整个断面。其完整的下部只有局部达到 3 米的厚度，断面大部分地区厚度超过 2 米。文化堆积的较大部分完全没有分层：是典型的富含陶器的"灰土"，也就是河南、甘肃（Kansu）史前遗址的特色堆积物，我认为应该解释为由当地的黏土或黄土与炭灰、破碎的器具和吃饭时的垃圾混合而成的垃圾——实际上是新石器时代晚期仰韶村居民在不受自然因素干扰的情况下直接沉积的废弃物。但在该断面的 64 至 92 米可以观察到，非分层文化堆积物中夹杂着两条狭长的文化层堆积。这些堆积条带最多只有半米厚。它们很有可能只是在雨季期间，将原来未分层的垃圾土中被夏季大雨冲走的部分重新堆积。在随后关于侵蚀的章节中，我们将了解到更大的这种重新沉积，即以分层的形式冲刷过的文化土壤。

几乎整个文化堆积物都被一种紧密相连的土壤（断面呈垂直条纹状）所覆盖，

这种土壤被称为"文化土，被后来的农耕所移除"。事实上，如何区分那些完整的灰土部分和被历史时代的农民搬运到一定距离后重新沉积的表层，是与中国北方黄土地区这些史前遗址有关的最困难的问题之一。区分完整文化土和再沉积文化土的困难在于，通常情况下，它们都是完全没有分层的，几乎在每一个方面都是相同的。乍一看，学者可能会认为整个是未受干扰的史前沉积物，一直到现在的土壤表面。但不久，在史前陶器旁发现的釉陶器碎片和其他无可争议的晚期物品，迫使我们意识到，在某些深度，该堆积已不再完整。这样的发现一次又一次，不仅在仰韶村，在河南和甘肃的其他遗址上也有。例如，我在仰韶村发现，在毫无疑问是完整的一米多深的堆积中，发现了一块釉器碎片，其年代"不可能"比宋代还早。类似的近代器物的意外发现，在我们认为未受干扰的文化堆积中，不止一次被记录下来。在我们第一次大规模发掘的仰韶村，我首先在地点 Ⅱ 和 Ⅲ 局部进行了系统的发掘，认真记录了地层位置。不过两次的结果都很差，几乎没有什么启发意义。当我们要继续进行发掘活动时，我决定让我的私人中国助手在居住地内自由发掘，只要他们有发现，结果就是好的。然后，我把我个人的工作限制在对我手下的不断督战中，并在不同规模的遗址中进行仔细的地形勘察，以及对所有墓葬进行 1∶10 的勘察，我发现这些墓葬包含了迄今为止最可靠的年代学证据。

现在让我们回到仰韶村的路边冲沟。我在这里试图区分次生堆积的表层和文化堆积的下半部分，研究的结果在地图 3 中给出，显示了一个最多 1.5 米厚的被移走的文化土壤的盖子，几乎覆盖了整个真正完整的史前堆积层。毋庸置疑，在这条道路峡谷中，我遇到了对研究这种再沉积过程极为有利的文化土壤条件，然而我必须承认，再沉积表层和完整的文化层主体之间的边界线在很大程度上只是一个猜测的问题。

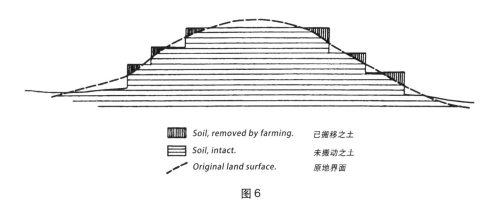

	Soil, removed by farming.	已搬移之土
	Soil, intact.	未搬动之土
	Original land surface.	原地界面

图 6

那么，读者可能会问，究竟是什么强大的因素，使曾经完整的史前堆积物的表层被如此全盘清除？对于任何熟悉中国北方黄土地域的人来说，很容易发现这个过程，它致命地减少了田野考古学家进行准确可信的观察的机会。由于黄土的特殊结构，以及它对夏季暴雨袭击的抵抗力很弱，农民发现有必要把所有的坡地都铺成水平梯田，并为雨水加强排水。图6可以最好地解释这种梯田建设过程，图中显示了土壤是如何被挖走并在梯田的外部重新堆积的，这一过程显然会以最复杂和最危险的方式影响每一个黄土坡的整个范围。

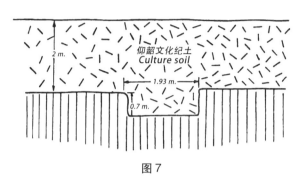

图7

　　文化层和它的下层，即红色的第三纪黏土之间的接触，显示了一个非常奇特的特征，我把它命名为袋状灰坑。图7给出了一个非常典型的浅袋灰坑的例子。红色黏土上覆盖着2米长的典型灰土，即文化堆积。但在断面中间有一个严格的矩形轮廓的袋状灰坑形状，长1.93米×深0.7米。填充在袋状灰坑里的文化堆积物呈灰色，富含灰土和小块木炭。几乎到处都有黄绿色松散物质的扭曲状斑点，这在仰韶村遗址的陶罐上经常可以看到。在这个袋状灰坑里，靠近底部时陶片最为常见。

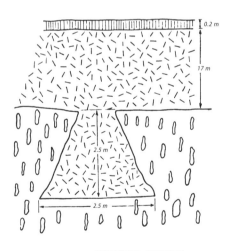

仰韶文化纪土（已经搬移）
▦ *Culture soil, removed by later farming*
◇ *Culture soil* 仰韶文化纪土
⬭ *Pliocene clay* 上新统粘土

图8

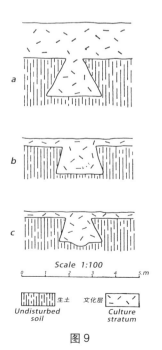

Scale 1:100

生土
Undisturbed soil
文化层
Culture stratum

图9

文中图 8 所示为另一个袋状坑，更深，呈截短的锥形。这个灰坑是我亲自发掘的，从现存的部分来看，我判断其底部的断面大约是圆形的。由图 8 中的垂直剖面图所显示的尺寸如下：在薄薄的表层，即 0.2 米的二次沉积土之下，有一个 1.7 米深的完整的文化堆积，与底层的第三纪黏土呈上下相连。但在这层黏土的底层中，有一个直径 0.75 米的孔洞，灰土通过这个孔洞继续向下延伸，黏土中原来开阔的空间向下延伸了 2.5 米，以帐篷状的方式向底部扩大，直到直径达到 2.5 米，袋状坑的地面平坦光滑且坚硬，所以很容易将底层的填土刮掉，它的底部就呈现出一层白色的涂层。底层厚 5 - 15 厘米，相当坚硬，颜色偏黄，里面有非常多的植物印迹。其实看起来这层原来主要是由稻草或其他植物物质组成的。在这个坚硬的植物基底层之上，在坑底以上 0.6 米的高度，有一层非常松散的浅灰土层，有明显而有规律的分层，由富含灰的浅色层和富含木炭的深色灰层形成。在坚硬的底层和灰土层中发现了陶片和一根骨针。

如垂直切面所示，袋状灰坑坑壁向上收敛，形成一个截断的圆锥体。然而，有一些不规则的地方，特别是在底部，在那里，坑口向东面稍微扩大。在底部以上的 1 米高处，西侧有另一个凹槽，可能是袋状坑的侧面开口。但这里的情况太过模糊，无法形成任何明确的判断。

在袋状灰坑的侧壁上，有一些工具痕迹，大部分是垂直方向的。这些痕迹并不表明有任何挖掘行为，而是潮湿的黏土被贴在壁上。有几处很容易从墙上刮下 5 - 10 厘米厚的黏土片，其中一片黏土片下面可以看到另一个粘贴的表面。没有烟尘或烟的痕迹，只有干净的红土壁面。

我测量了几个如图 8 所示类型的袋状灰坑的底部直径，发现在 1.9 - 3 米。沿途断面可以看到很多袋状灰坑。事实上，它们构成了该路段最有趣的特征之一。在 10 米至 13 米以及 17 米至 19 米，我们发现了与图 7 大致相似的浅坑。在 153 米至 155 米，我们发现了图 8 所示类型的深坑。40 米到 100 米的部分几乎没有袋状坑。另一方面，在 117 米和 145 米，文化堆积的底部轮廓是由并排挤在一起的袋状灰坑构成的。它们中的大多数都很浅，在许多方面都不太典型。我倾向于认为，这一组是一个例外。它可能是仰韶古民居的一个或几个房基的标志。乍看之下，101 米和 104 米以及 148 米和 150 米的圆圈看起来很奇怪，但很容易看出这些轮廓只是图 8 所示的深帐篷式的侧切面。当我们稍后继续讨论袋状灰坑的性质和目的时，我们将只提到这种截断的锥体形状的深袋状灰坑。

关于这些袋状灰坑的目的，引用我在通俗读物《黄土的儿女》第 172 - 174 页中关于这个问题的文字描述：

"这些袋状灰坑不可能是坟墓，因为在里面没有发现人类骨骼的遗骸。它们被

14

灰质土壤填满，有时比通常的多孔土壤更多，而且有很大比例的灰烬，在灰坑里发现的罐子和其他器物碎片通常是非常零碎的"。

另一个可以想象的解释是，这些灰坑是史前村落居民居住的小木屋的底部。这种情况在欧洲同年代的民居中也有发现。

在整个发掘期间，我一直持这种观点。但是，当我在北京逐件复原了这一地区形态各异、常常非常笨重的陶器时，我逐渐明白，古代仰韶居民的日产器具太丰富、太全面了，不可能住在这样狭小的小屋里。

我在西方能找到的与这些袋状灰坑最有可能的相似之处，是福勒（Forrer）所描述的位于阿尔萨斯的阿肯海姆（Achenheim）和斯图奇海姆（Stutzheim）的新石器时代民居①，我在图9中再版了阿肯海姆的窖坑B和P，以及仰韶遗址的一个灰坑。这些图形都是按照相同的比例绘制的，即使是在腔体的截圆锥形部分上，相似度也很高。

福勒把他的Kellergruben解释为地下储藏室，但从他的描述来看，可能存在介于"窖坑"和"生活垃圾坑"之间的形式。

我们知道，在世界不同的地方，也有类似的垂直灰坑挖进土里，作为储藏室。我的朋友已故的步达生（Davidson Black）博士非常友好地提醒我注意一篇文章，在这方面具有特别重要的意义，作者是E. A. 胡顿（Hooton），"俄亥俄州麦迪逊维尔附近的印第安人村落遗址和墓地"，哈佛大学美国考古学和民族学皮博迪博物馆的论文：1920年，在"藏匿坑"的名称下，有图示的袋状灰坑与河南和阿尔萨斯的袋状灰坑相同。

麦迪逊维尔的遗址属于北美最早的历史时期。根据威洛比（Willoughby）对材料的整理和勘察结果，该遗址"在印第安人与欧洲人第一次接触之前，就有一个印第安部落居住，但该遗址在史前时期仍有人居住，当时居民在那里可以获得一些欧洲铁器、铜器和铜币，以及一些玻璃珠，这种交换是直接与早期传教士和商人进行的，或者是间接与他们的印第安邻居进行的。"

因此，俄亥俄州的窖穴（Cache – Pits），以我们亚洲人的标准来判断，几乎完全是现代的，与我们在仰韶村发现的窖穴惊人的相似，只表明生活条件相似的平行性，或者可能是——一种有点牵强的选择——顽固地保留了印第安人的蒙古祖先从亚洲家乡带到美洲的一种习俗。

这些美洲的窖穴里有叶子、沙子、灰烬等，层次明显不同，有意思的是，我仔

① Forrer, Reallexikon der prähistorischen, klassischen und frühistorischen Altertümer, articles on Achenheim, Kellergruben, Stutzheim, Wohngruben.

细观察过的唯一一个仰韶村的窖穴，也有明显的分层，有 5 – 15 厘米厚的黄色地层，有丰富的植物痕迹，上面 60 厘米处，有明显的浅灰层和深灰层的交替，有大量的木炭片。

在俄亥俄的窖穴中，与河南一样，人工遗物比比皆是：陶片和石器、骨器等。

关于这些窖穴的使用情况，胡顿给出了如此如诗如画、富有启发性的描述，值得转述如下：

"在作者看来，这些坑是用来储存种子和其他物品的。在收割期间，玉米被放置在一些这样的贮藏窖穴中，这些贮藏坑位于这家人的住所附近。也许它们甚至在小屋内，或与小屋相连。在冬季，一个又一个的坑被清空，空的坑成了垃圾坑，灰烬、饭菜残渣和其他家庭垃圾被扔进其中。当一个坑的内容显示出分层时，是由于这个坑是在连续的时间间隔中被填满的；当它没有分层时，很可能是一次就被完全填满了。

在两个案例中发现了种子，这直接证明了这些窖藏坑是用于上述目的的。

在麦迪逊维尔地区发现了许多坟墓，但它们与窖穴没有任何关系，除非在极少数情况下，为了方便，用一个废弃的窖穴来安葬一具尸体。"

（五） 侵蚀现象

如上所述，仰韶遗址位于两条峡谷的环境中，这两条峡谷在第三纪黏土和更新世黄土的高原下切了 40 – 50 米的深度。起初，我认为选择这个遗址的原因可能是，除了一条非常狭窄的地峡将遗址北面与峡谷外的平原连接起来外，这里的自然环境对四面都有保护。因此，我起初认为峡谷是主要现象，村庄是受峡谷制约的居住地。但是，早在 1921 年春天我第一次考察时，就观察到有一部分人指出了一个完全不同的、更令人吃惊的结论。在同年秋天的详细考察中，我有机会完全证明了这种新观点的正确性。

在许多情况下，文化堆积物一直延伸到峡谷的边缘，在某些地方，人们看到了主要由黏土或黄土组成的孤立的墩子（Pillar），上面有一层薄薄的文化土。但这只能说明，自居住地被废弃后，发生了一定程度的侵蚀，局部曾经连成一片的文化堆积物已经被这种侵蚀完全包围。

但在遗址的南部，靠近两个主要峡谷的交界处，我们发现那里可以说的更清楚。我们认为这里提供的证据非常重要，因此，我对这一南部地区进行了调查，其比例尺是袁先生主图所用比例尺的两倍（地图 1）。我按比例尺 1∶2000 进行的勘测见地图 2。需要说明的是，袁先生地图中标明地点Ⅸ的东西在我的勘测中叫"废弃洞穴"（Abandoned Caves），袁先生地图中的地点ⅩⅣ在我的地图中叫"城堡悬崖"（Castle

Cliff）。

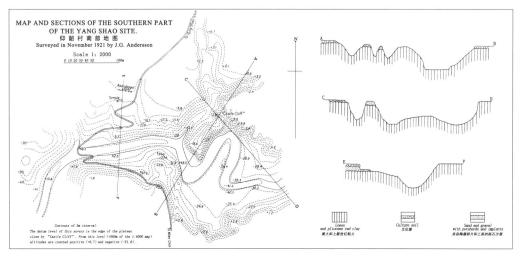

地图 2

　　最具启发性的部分，我们遇到的是在名为城堡悬崖（地点 XIV）的地方。赋予这个名字的地点在图版 83 中，我的两个手下站在山顶上，标记了这个名字的地点。我们可以非常清楚地看到他们下面的沉积物是如何分层的。在这一边，悬崖几乎是垂直的，无法进行分层。但在两人身后，有一个斜坡，我们可以从这里爬下去，检查分层。这里的顶部，有一米高的黄土状物质。在这个顶层之下，有一系列厚度不少于 5.9 米的分层细沙，其中夹杂着薄薄的黏土和细砾石床。在这一系列的分层沉积物中，都发现了典型的仰韶陶器的碎片和木炭片，还发现了缝衣针这样的小而精致的物品。

　　局部的砂层表现出当前的层理：在有些地方它显示出有特征的黄绿色的斑点，这经常在陶片上看到。局部地区的沙子上也有印迹。

　　在这一系列 5.9 米的分层堆积之下，有两米厚的粗砾石，没有陶器。砾石直接位于上新世的红色黏土上。

　　从图版 83 和地图 2 所示剖面图可以看出，这些含人工遗物的地层沉积物形成了形状奇特、深度达 40 米的城堡式峡谷，遍布四周。

　　从这些观察中必须立即得出的结论变得清晰而不可避免：在含人工砂石沉积物形成的时候，现在的峡谷并不存在，但在高原的水平线上有一条水道流过，如图 10。远非后来阶段那样，这个时代的特点是垂直侵蚀，以流水和池塘中遗留的含人工物的沉积物堆积为标志，从厚度上看有 6 米。我们无法确定这些沉积物是在史前村落有人居住的时候形成的，还是在稍晚的时候才形成的，以及形成的程度如何。但这丝毫不影响我们的一个极其重要的结论，即在仰韶文明时期，峡谷并不存在，相反，村落是建在连绵不绝的平原上，这里有一条在很浅的山谷中流淌的水道。

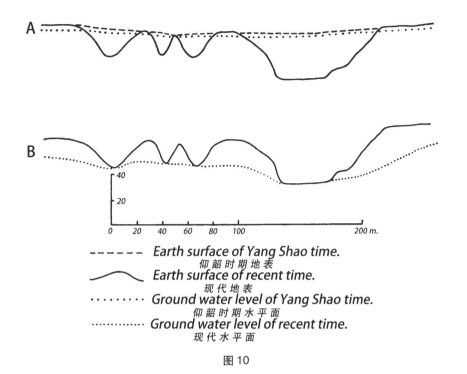

图 10

大峡谷系统，其中两个分支包围了仰韶村遗址，继续向南延伸 8 千米，在渑池县城汇入主谷。在仰韶以南五公里处的一个名叫宽庄（Kuan – Chuang）的地方，我在这个峡谷中遇到了与城堡悬崖非常相似的情况。这里，在悬崖上俯瞰大峡谷，黄土原上有一个小神龛，四周是古老的废弃窑洞民居。在东侧，我发现，在 4 米长的黄土状但稍有分层的沉积物下，有一个薄薄的砾石床，里面有红色软质仰韶陶器的小碎片。因此，我们在这里再次证明了仰韶冲沟系统向南延续的大峡谷，在仰韶文化时期并不存在。

我们对仰韶村地区的水土流失现象的研究，毫无疑问地证明了自仰韶旧居时代起，40 米深的沟壑系统就已经被切割得错综复杂。这一基本事实得出了一系列重要结论。

图 10 是峡谷地形对地下水位的影响。从袁先生优秀的地图中可以清楚地看到，其中东沟和西沟各两处的泉眼和池塘，清楚地显示了地下水位（比较图 10 的下半部分）。

在仰韶人定居时，这一带还没有沟壑。当时沉积了沙石的溪流，混杂着古村落的碎石，在浅浅的洼地中流淌，只比平原的主要水位低几米。当时的地下水位一定比现在高出 35 米左右。

对这一事实的了解，使我们有办法解释仰韶村遗址的一个奇怪的特征，即所谓的竖井（shafts），一个靠近峡谷东边，另一个在峡谷的西边。其中第一个竖井，位于地点Ⅳ，深5.4米，其底部高出峡谷底部约33米。西面的竖井，位于地点ⅩⅦ，深7米，其底部比附近的西沟底部高出34米。这两座竖井的位置，分别比现在的水位高33米和34米，与我们根据现象推断的古代水位（35米）是完全一致的。

竖井的形状是狭长的圆柱形漏斗，比袋状坑深几倍，这表明它们的目的肯定与袋状坑的目的完全不同。那么，唯一合理的解释似乎是，它们是水井，是为了从当时的地下水位获得优质的饮用水而建造的。

在仰韶村遗址的粗厚壁陶器中，发现有某种种子的微小印迹。瑞典植物学家埃德曼（G. Edman）和索德伯格（E. Söderberg）在显微镜下进行的研究表明，这些特征性的印迹来自于石器时代晚期人们在仰韶村种植的水稻（Oryza sativa L.）的外壳。

这个极其重要的发现，我们要感谢上述植物学家的敏锐和博学，与上面所讲的仰韶村在过去四千年中的地理变化完全一致。在古代仰韶村的时候，该区是一个连成一片的高原，溪流在浅沟中穿行，种植水稻的条件要优越得多。

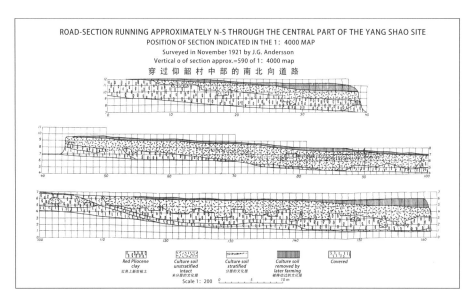

地图3

由于我们现在已经证明，这些竖井很可能是在地下水位接近仰韶村高原主水位时使用的水井，因此，我们更有条件讨论西边地点ⅩⅦ竖井填土中奇怪的空隙的全部意义。这些空洞中最大的空洞长1.3米，横截面为34×12厘米，处处都是平面直边。在调查中，我们得出的结论是，他们是由于原木被封闭其中，后来完全腐烂，

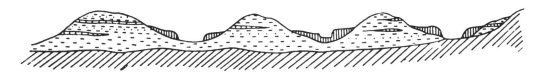

只留下空的空间，完全对应于原木的形状。现在重要的问题是，这个竖井是什么时候填的？看来更有可能的是，填土过程已经在古老的仰韶村的生活时间内进行了。要理解这一点，应该注意到，填土是用典型的灰土，即文化堆积物来完成的。如果井口干瘪空旷了几百年，肯定迟早会塌陷，被天然的黄土状土壤填平，形成井壁。此外，壁面也会因塌陷过程而遭到很大程度的破坏。仅仅是漏斗壁完好无损地保存到 7 米高这一事实，就毫无疑问地表明，填土过程是在井被废弃后不久进行的，因此，我们得出的结论是，很可能是仰韶的原居民自己塑造并最终废弃了梁柱——这些梁柱的印记是在地点 XVII 的井内发现的。因此，我们得出了史前仰韶人文化水平很高的一幅迷人的图画：他们种植水稻，挖井获得良好的饮用水，并且是足够先进的木匠，将木头塑造成长方形的梁。

关于仰韶村的侵蚀过程，仍有一个特点需要提及。我们了解到，现在的峡谷是在过去四千年中形成的，在建造史前聚落的时候，这个地区是一个连绵起伏的高原。然而，很容易证明，这些峡谷在一定程度上只是一种新的地形特征。事实上，它们是黄土时代之前的特征，被黄土所填充和隐藏，并在过去四千年的垂直侵蚀中显现出来。

每一个研究黄土的学者很快就会熟悉这样一个事实，即这种风成沉积物在一定程度上是一种山谷沉积物，它将黄土沉积物开始形成时存在的侵蚀通道填平和遮盖。在这方面，我在此转载我的论文《华北新生代沉积物论文》第 122 页中的一张图（图 11），该图非常清楚地显示了位于仰韶村东侧的新安县的黄土是如何成为山谷沉积物，填充了先前存在的山谷的。同样地，我在仰韶村也证明了黄土主要分布在大峡谷的两边，虽然厚度差异很大。在现代村南面的中央田野和两个主要峡谷之间，我没有发现任何黄土的原始沉积。相反，这里的文化堆积物的底层到处都是上新世的红色黏土，这一点在地图 3 的截面中表现得最为清楚。

古生界顷侧
Tilted Palceozoic

含三趾古马各色粘土及石灰岩砾石
Hipparion clays
(red and variegated
with intercalations of
limestone and gravel)

黄土
Loess

图 11

（六） 仰韶遗址内遗存的垂直分布情况

仰韶村遗址是我在华北地区发掘活动中遇到的最大的史前村落遗址之一。在东北–西南方向，古村落区域的长度为 900 米，从西北到东南的宽度约为 300 米，文化堆积的厚度局部达到 4 米，厚度为 2 米的也很常见。

由于该堆积物中所包含的遗物种类繁多，乍一看给人的感觉是比较杂乱，因此，我认为应该通过地层排列发掘的方式，研究不同类型器物的垂直分布。为此，我专门挖了两条探沟，分别位于地点 Ⅱ 和地点 Ⅲ（见地图 1）。

我对在地点 Ⅱ 不同地层收集到的材料说明如下：

1. 地表至 70 厘米处。

   70 块灰陶至黑陶碎片。

   33 件砖红色陶片，一件彩陶。

   小型灰陶碗。

   6 件陶环碎片。

   2 件石器残片。

   白石（White Stone）1 块。

   骨针碎片 1 枚。

2. 70–150 厘米处。

   5 块灰陶片。

   10 块黑陶碎片。

   4 件砖红色陶片，其中平底器一件。

   19 个陶环碎片。

   2 块骨器碎片。

   3 块"弹弓石"（Sling Stones），其中一块为陶质。

3. 100–125 厘米处。

   45 块陶片，灰色和红色。

4. 150–200 厘米处。

   1 片棕灰色细绳纹陶片（细绳纹）。

   2 块黑陶片。

   4 块砖红色陶片，有细绳纹。

   1 件砖红陶碗。

   3 个陶环碎片。

2 块骨器碎片。

1 块陶质弹弓石碎片。

5. 200 – 240 厘米处。

79 块灰色和砖红色陶片。

1 件砖红色尖底器口部。

1 块彩陶碗碎片。

4 块黑陶碎片。

4 枚陶环碎片

1 块骨器碎片。

6. 240 – 270 厘米处。

2 件砖红色彩陶碎片。

3 件砖红色尖底陶器，细绳纹。

1 件砖红色碗残件，边缘磨光，口部内敛。

2 件黑陶。

1 件深灰色陶器，觚形器，如《中华远古之文化》图版 7，4。

7 个陶环碎片。

7. 270 – 315 厘米处。

1 件小的黑陶碎片，高足器形似 K 6477，但小得多。

3 块 砖红色陶片，有细绳纹。

1 块小碎片（K 3036∶4），有独特的图案。

8 个陶环碎片。

1 个小陶球。

我们在探沟 Ⅲ 中观察到以下序列。

1. 0 – 70 厘米。

51 块陶片，灰色至红褐色。

10 块砖红陶片。

1 块彩陶片。

1 片，宋代白瓷片（White Sung）。

13 个陶环碎片。

1 枚石环碎片。

2. 55 – 140 厘米。

4 个灰陶碎片。

27 块黑陶碎片。

8 块淡砖红色陶片，无彩，表面光滑。

3 块砖红色碎片，施细绳纹。

2 块砖红色尖底陶器口部残片。

3 块砖红色彩陶片。

4 块骨器碎片。

21 个陶环碎片。

1 枚石环碎片。

回顾这两个地层发掘，会发现很有启发意义。这些地层发掘的地点，即地点Ⅱ和地点Ⅲ，是经过精心挑选的，提供了不受干扰的正常条件。这里的地表异常平坦，在海拔 600 至 610 米提供了一片广阔的平地。借助于附近的道路峡谷，我在那里仔细地测量了文化层（地图 3），我们知道在这些地方存在着未受干扰的文化层。在地点Ⅱ，我们达到了 3.2 米的最大深度，但没有达到文化层的底部。在地点Ⅲ，我们到达了 1.3 米深的文化层底部。在这个深度以下，我们遇到了第三纪红土与石灰礓石。

这些地点在各方面都有利于地层发掘。

现在让我们分析一下发掘的结果，首先检查一下陶器以外的发现。陶环碎片是最常见的发现之一，它们在六层中都大量存在。投掷球也是如此，除 2、3 层外，其他各层从底层和顶层都有发现。骨器在上面四层都有发现，石器只在最上层发现——这当然纯属偶然。石器在史前遗址中总是很少见的，但在仰韶村，我却在沉积物的最底层发现了石器。

现在我们来讨论一下陶器的垂直分布，把三组红陶作为一个单位来统计。我们发现，红、黑、灰三大类都出现在地点Ⅱ，从底部到顶部的六个层位都有。例如，在表层有 32 块红陶碎片的堆积，可能只是因为一个陶罐被压碎成很多碎片。

地点Ⅱ地层发掘所获一览表

	灰陶	黑陶	红陶	施彩红陶	施细绳纹红陶	石器	骨器	陶环碎片	投掷器（石或陶）
0－70cm	71 灰与黑		32	1		2	1	6	
70－150cm	5	10	4				2	19	3
150－200cm	1	2	1		4		2	3	1
200－240cm	79 "灰和砖红"	4		1	1		1	4	
240－270cm	1	2	1	2	3			7	
270－315cm		1			3			8	1

地点Ⅲ地层发掘所获一览表

	灰陶	黑陶	红陶	施彩红陶	施细绳纹红陶	陶环碎片	石环残片	宋代瓷片	骨器
0－70cm	51		10	1		13	1	1	
55－140cm	4	27	8	3	5	21	1		4

在地点Ⅲ相对较浅的发掘中，在顶层有一块宋代陶片，是农民活动造成的侵入物之一。这里的黑陶只在下层大量出现，但两层都有灰陶和红陶。骨器只在下层出现，但两层都有陶环和石环。

对判断不同组器物的地层分布还有一个很有价值的材料，就是步达生博士从地点Ⅻ墓地发掘的骨架上采集的一些样品。这个地方位于冲沟坡上附近，显然农民为了扩大他们的田地，把大量的泥土运到这里来，就像他们在中国北方各地所做的那样。这样一来，地点Ⅻ的仰韶墓葬就被两米或两米以上的土层所覆盖。从地图4中可以看出，在Ⅰ－279以上（即O点的地表）没有发现墓葬。我在这个地方的笔记中说，这里有一个1.5米厚的上层，由黄土组成，一定是近代农民运到这里的。在上层之下，有一层厚0.9米的黄灰色过渡层，这层堆积也可能是仰韶以后的农民带来的。只有在2.4米处，仰韶墓葬才开始在最高墓葬上方有0.4－1米的覆盖层，这与地点Ⅴ情况一致，那里发现的墓葬位置较浅。

我们现在准备复原发生在地点Ⅻ的情况。

在仰韶时代的早期，陆地表面比现在的地表低350厘米左右。当时在这里埋葬的深度很浅，不超过半米。这里成为仰韶遗址的部分墓地。随着墓葬的堆积，地表上升到279，可能略多一些，如水平线以下240（原文为：240 below zero，以下标为"－240"），也就是后来的再沉积物所达到的地层。

如果对地层的这一解释是正确的话，那么我们从－240起就有了一个完整的墓地。无论如何，我们有充分的理由相信，墓葬本身是完全完整的，因为骸骨放置得很整齐，而且在安葬仪式结束时，在尸体上覆盖了一些土，骸骨Q的四件器物仍按原样放置。

在清洗仰韶骨架进行解剖检查时，步达生博士小心翼翼地收集了所有附着在骨头上的陶片和器物，并把这些标本还给了我。可以肯定的是，它们代表了安葬时散落在地上材料的大致样貌。它们可能包含比墓葬年代更久远的器物碎片，但我们可以保证，这些小件器物中没有掺杂任何年代更近的碎片。

下面介绍的是第Ⅴ地点小型墓葬骨架中发现的物品清单，在该墓地中只有两具骨架在浅层被发现。此外，我们还公布了地点Ⅻ（我们刚刚讨论了它的地层）较大

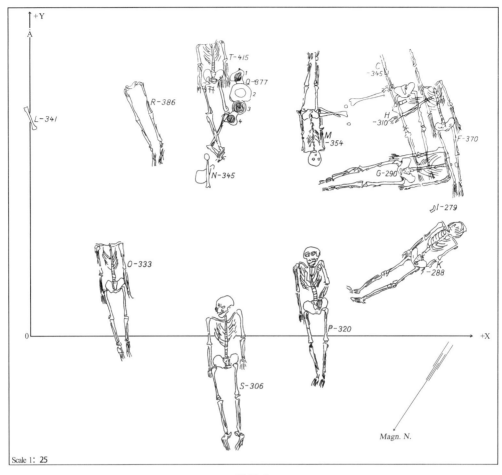

地图 4

墓地中，与人骨 C、G、K、M、N、O、P 和 S 等一起发现的遗物清单。

（七）步达生博士的发现

1. V A 现地表下约 0.5 米。

   1 块骨头。

   5 片黑陶。

   1 件粗绳纹陶器（Coarse Mat Impression）。

   2 件陈旧陶器。

2. V B 现地表下约 0.6 米处。

   7 件 "黑陶"。

   2 件篮纹灰陶。

   1 件绳纹灰陶。

3 件磨光灰陶。

1 件砖红色绳纹陶器。

3 件厚壁陶器。

4 件陈旧陶器。

2 块红烧土。

2 块废渣（Slag）。

3. XⅡ C——345 厘米。

1 块骨片。

8 件篮纹灰陶器。

1 件厚壁灰陶残片，有席印。

3 件表面光滑的灰陶器。

1 件未完成的纺轮，灰陶。

1 件深灰色"蛋壳"小残片（Eggshell）。

11 件黑陶。

1 小块石英卵石。

2 块礓石。

1 块"白色物质"。

4. XⅡ G－290 厘米。

5 件篮纹灰陶。

4 小块其他（Indifferent）陶器。

1 小片蓝灰色陶器。

1 块较大的篮纹褐陶碗底部残片。

6 片黑陶。

1 小块陶环碎片。

1 小块白色物质。

1 大块炉渣（Slag）。

5. XⅡ K——288 厘米。

10 件黑陶。

5 件深褐色陶器，有席印。

7 件多色光滑陶器。

3 件其他（Indifferent）陶器。

6. XⅡ M－354 厘米。

1 片骨头。

5 片黑陶。

8 片篮纹灰陶。

1 片砖红色篮印陶器。

4 片灰褐磨光陶器。

1 片白色物质。

2 片礓石。

1 块石英。

1 块棕色云母砂岩

7. ⅩⅡ N – 345 厘米。

    8 片"黑陶"。

    2 片席印深灰色陶。

    4 片篮纹灰陶。

    1 件砖红色陶器，有细绳纹。

    2 件磨光灰色陶器。

    12 件陈旧陶器。

    1 件红烧土。

    2 件礓石。

8. ⅩⅡ O – 333 厘米。

    3 块骨头。

    1 半猪牙。

    1 颗小食肉动物的牙齿。

    1 颗羊的趾骨。

9. ⅩⅡ P – 320 厘米。

    1 块骨器，在肋骨和胸腔间发现 。

    4 块小骨片。

    8 件黑色陶器。

    6 件棕色陶器。

    3 件灰陶，有篮纹。

    3 件灰色陶器，其他（Indifferent）。

    1 件浅灰色陶器，近于"蛋壳"。

    2 件砖红色陶器，有细绳纹印。

    3 块礓石。

    1 件炉渣。

10. XⅡ S – 306 厘米。

  1 小件黑陶。

  12 件陈旧（Obsolete）陶器。

  1 块烧土。

  1 块礓石。

总结上述观察结果。

V A 有 5 片黑陶和 3 片灰褐色陶片。

V B 含黑陶 7 件，6 块灰陶，1 片砖红陶。

XⅡ C 含黑陶片 11 件，灰陶片 14 件。

XⅡ G 包含 6 件黑陶碎片和 7 件灰陶碎片。

XⅡ K 包含 10 块黑陶片、5 块棕色陶片和 10 块其他（Indifferent）陶片。

XⅡ M 含 5 块黑陶片，8 块灰陶片，1 块砖红色陶片，4 块灰褐色陶片。

XⅡ N 包含 8 块黑陶片，8 块灰陶片，1 块砖红色，12 块陈旧（Obsolete）陶片。

XⅡ P 包含 8 件黑陶片、13 件灰褐色陶片和 2 件砖红色陶片。

XⅡ S 包括 1 块黑陶片，12 块陈旧（Obsolete）陶片。

如上所述，在 0 以下 415 厘米，地点 XⅡ 没有发现墓葬。然而，在我们寻找更深的墓葬时，我们注意到一些值得一提的陶器：

1. XⅡ – 335 – 420 厘米。

  9 块黑陶片。

  2 块粗红陶碎片。

  1 件砖红色带细绳纹陶片。

2. XⅡ – 370 – 420 厘米。

  1 件淡灰色鼎足。

  1 件黑陶残片。

  1 件红陶碗残片。

3. XⅡ – 375 – 511 厘米。

  8 块黑陶碎片。

  2 件砖红色较窄口沿片，施细绳纹。

4. XⅡ – 388 – 490 厘米。

  2 块黑陶碎片。

  1 件砖红色较窄口沿片。

  1 块砖红色蛋壳器碎片。

  1 件淡灰色蛋壳器碎片。

从地点 Ⅱ、Ⅲ 的地层发掘和地点 Ⅴ、Ⅻ 号墓地的发掘中所观察到的所有这些情况，都证明了仰韶村的红陶、灰陶和黑陶在各个层位都有出现。由于在河南北部的遗址中，中国同行发现红陶出现在最底层，黑陶出现在中层，灰陶出现在最上层，所以我希望中国的史前学家能借助新的、非常准确的地层发掘来验证我在仰韶村的观察。就我们目前的知识而言，我必然会把大的仰韶遗址视为一个年代单元，它的陶器非常丰富多样，有红陶、黑陶和石器。在这方面还应该补充一点。这里的年代更晚的灰陶，实际上是历史上的殷、周、汉时期的陶器。这些历史时期的灰陶在外观上与仰韶遗址的灰陶大相径庭。而且，我认为，中国考古学家报道中所说上层的"灰陶"，很多是属于历史时期的。

如果我们现在再来看看仰韶村遗址的史前红、黑、灰陶器，从上面的详细描述中，我们注意到这三种器物是非常密切地相互交融在一起的。某些特定类型的器物对应生产一种陶色。例如，《中国史前史研究》图版 166，2 中所显示的所有尖底、细绳纹和收缩、半球形口的器物，都是用砖红色。但还有一种器型，底部宽尖，篮纹，颈部为普通瓮形器（图版 166，3）。这种类型的器物则用浅灰色，这两种类型的尖底器物的残片在整个仰韶村堆积中并存。

一般来说，鼎是用灰色或棕灰色，但有时其表面涂有暗黑色，因此可能会被归入"黑陶"类。

黑陶是除红陶和灰陶之外的另一类别，灰陶表面呈灰色。红陶有时是通体红色，也有的中央部分因其铁质未被氧化而保持灰色。

但"黑陶"则完全不同。它的器物一般是均匀的巧克力色，上面覆盖着一层黑色的涂层，这层黑色的涂层有时是暗淡的，而在其他标本中则是高光泽的。

此外，黑陶是一个难以界定的类别。在这些器物中，虽然形式类型相同，但一个标本可能是黑色的，另一个标本可能是深灰色的，这种不确定性普遍存在，以至于我不得不建立一个大组："灰陶和黑陶"。

从以上所有事实得出的结论是，我们不得不把整个仰韶村堆积看作是一个单一的文化阶段，其特点是陶器种类异常丰富和多样。

第二节　遗物描述

（一）　单色陶，灰色或黑色陶

1. 陶鬲（Li Tripods）

图版 1，3（K. 6310）。高大的陶鬲标本，同不招寨所见标本。

河南史前遗址

高 240 毫米。口径 141 毫米。颈部高度 36 毫米。

在器柄的对面，靠近颈的下方，有一个叠加的平钮。

众多的标本显示，这些陶鬲器体外壁的图案通常是绳纹，相当有规律地施加在器身和器足上，方向与器足平行。但在两足之间形成了一个非常多变的十字形图案。这种绳纹也是这里的主要图案，但在足上，它与篮状图案混合在一起。这些纹饰有的在足上隐约可见。

图版 1，2（K. 6237）。陶鬲，残。两足及颈部为原件，其余为复原。

器物很粗糙，深褐色，表面黑色。器壁厚 5－7 毫米。

足和器身布满不规则的、不清晰的压印绳纹。颈部不规则，但有细微的横纹。

足的交界处仅高出足基 27 毫米。到颈下部的高度是 118 毫米。容器的总高度 147 毫米。领的外径 90 毫米。

图版 1，4（K. 6399）。陶鬲，残；大半的足，颈部残块。通过与其他同类器的比较，可以推测出高度与形状。

两足之间的连接处高度为 46 毫米。领底部高 205 毫米，总高度为 236 毫米。两足最宽处的最大宽度为 165 毫米。足部和器体有粗大的、深陷的绳纹。颈部光滑，有横纹。器物呈深棕灰色。

图版 2，1（K. 6804：9）。"白氏袋状坑"。

这只是一件低而宽的鬲足残片。

器物呈褐色。器壁厚度 7－8 毫米。表面内外均发黑，以至于可将该标本归入"黑陶"。

为了说明器身的大致形状，我们复原了一件，见图版 2，2（K. 5901：37），参照购于不招寨但可能是早期历史时期的完整陶鬲（周代？）。

图版 33，2（K. 6462）。锥形空心器，可能是一件陶鬲的分离足。粗灰陶。壁厚 6－8 毫米。

图版 1，1（K. 5928）。依《中华远古之文化》图版 16，6 复原而成。器物深灰色，内外壁光滑。微型陶鬲，由很短的足和巨大的领组成，领上有一个大耳，在其中一条足上延伸。从两足之间的一些附着特征判断，应还有一个大耳，如图所示。

高 96 毫米，口外直径 110 毫米。

2. 鼎（Ting Tripods）

图版 2，3（K. 6329）。地点 XV。仅存少半器身和部分足。其余部分均为修复。

器体近球状，口部收缩（最大径 167 毫米，口部内径 104 毫米）。

在腹部下方和口沿下 12 毫米处有两道凸棱（Ridge）。在两个相对的地方，上棱扩大成两个錾耳。

体表呈黑色，上面布满了陈旧的近乎水平的篮纹。

足部带中间的高脊有指纹痕迹。足的高度是根据图版 3，1 和 2 等完整标本估计。

图版 2，4（K. 6245）。器体不到一半，只有足的基部。

器体半球形，在略高于器体高度的一半处有一凸起的凸棱。口沿下方 10 毫米处有一深锯齿状的凸棱，从中有一平滑的 13 毫米宽的区域倾斜至口（译者注：即子母口）。器身外侧有近乎水平的篮纹。

足的复原可能有点太高，中央凸棱的装饰太规律。

图版 2，5（K. 6240）。鼎近乎完整，只有两足的尖端修复了。

器物棕灰色。器壁厚 5 毫米。外壁有横篮纹，部分被抹去。稍高于腹部的地方有一条附加堆纹，带有两个低耳，被一指纹印分割。附加堆纹的其他部分也有轻微的指痕。第二条泥带附加堆纹位于领部，高 25 毫米，从内侧测量宽 29 毫米。三条足的每条足都有中间的脊纹，上面有两个很深的指印。

器高 186 毫米，最大直径 181 毫米，口径 174 毫米。

图版 2，6（K. 6192）。鼎。灰陶。壁厚 5 毫米。

外壁饰有保存完好的斜篮纹。在腹部处有一条附着的极不规则的附加堆纹，在此之上 1 厘米处有两个扁平的横纽，上面有两个指印。

足部有中脊，有一个大指印。如剖面图所示，器领微微外撇，内侧宽 28 毫米。器身高 217 毫米。最大径 216 毫米。口径 211 毫米。足高 74 毫米。

3. 高三足盆（High – Legged Basin – Tripods）

图版 7，1（K. 5930）。这种类型的精美标本，据《中华远古之文化》图版 16，2 复原。

器物青灰色，很粗糙。壁厚 7 – 8 毫米。三条长方形足上的小盆。粗糙的外壁上有两条不规则的凸棱，一条在足基之上，另一条在足基与边缘之间。内壁的边缘部分有轮廓，如图所示。这部分有轮制加工的痕迹，其余部分则是粗糙的。

高 109 毫米，盆的直径 224 毫米。

图版 7，3a 和 b（K. 6216）。保留了器足和器体的一小部分的陶器。这件器物应和图版 7，1 很相似。连边缘的内轮廓也是相似的，虽然更宽。只有一个特征是完全不同的，足是平的，从底部到地面渐渐变细。它的主要特征是扁锥状足侧面有垂直向附加堆纹，很突出，从器物边缘下开始，带有很深的斜指纹。

图版 7，2a 和 b（K. 3010：29）。地点Ⅵ，2。这件标本的足比前两件短。在这里，足部也有一个相对较低的中脊。体壁外侧有线状的篮状印痕。

图版 39，5（K. 3009：67）。这件标本是属于"砖红陶"类。它只是一个盆形鼎

的残片。边缘没有保存，仅存的一个足也断了。

器型很粗，砖红色。器壁6-7毫米厚。

侧壁上部近乎垂直的部分光滑而略带磨光，下面的高脊也是如此。在此脊下有一条带向内倾斜，有较浅的斜篮印，其下进入平底。

足内侧凸，外侧深凹，侧脊高耸。

4. 矮三足盆（Low - Footed Tripod - Basins）

图版7，4 a 和 b（K. 6448）。一件可能是盆的器物，足很低。侧壁有近乎垂直的线状篮纹。

器物灰色，壁厚6毫米。

图版33，6（K. 6349）。地点 XI。一件很像图版7，4 的器物残片。矮器足非常宽大和坚实，侧壁也有篮纹。

图版33，11（K. 6447）。一件盆底，足极低，很像不招寨章节中的图版89，2和6。底部和侧壁外侧布满粗糙且不规则的印痕。

5. 鼎足（Detached Tripod - Legs）

仰韶遗址中大量使用鼎，这一点从明显频繁的单件鼎足就可以看出，图版3-6中选取了一部分，其中大部分可能是鼎，但上述对一些三足盆的描述表明鼎和三足盆的足非常相似。像图版7，3，在标本分离的情况下，很难与图版5，4 这样的鼎足区分开来。

图版4，1（K. 3054：42）。很简单的足，没有任何装饰。器物呈深灰色，很粗糙。

图版4，8（K. 3054：2）。另一件无装饰的足，横断面呈长方形。器物浅灰色，非常粗糙。

图版4，2（K. 3054：41）。另一单足，像图版4，8，但短得多。器物非常精细，棕灰色。

图版4，3（K. 3054：53）。另一种无装饰的鼎足。截面呈三角形。

图版4，5（K. 3054：54）。一件非常粗壮的无装饰器足，内壁微凸，外壁相应地凹。器物蓝灰色，粗糙。

图版4，4（K. 3054：14）。较小的标本，但从外面看与图版4，5 一样。内壁是平的，但外壁有一个深的中间窝，四周有高的圆形边缘脊。

器物呈褐砖红色。

图版4，6（K. 3054：43）。像图版4，4，但大得多。内侧凸，外侧深凹，在窝内有微弱的扁平中间脊。

器物呈砖红色。器内壁发黑。

图版5, 6 (K. 3054：5)。这件标本在某种程度上让人想起图版4, 6, 但足更修长, 中脊更高, 斜指印痕更深。器物是灰色的。

图版5, 8 (K. 3054：47)。大体上像图版5, 6, 但轮廓宽大而呈圆锥形。中脊上有指尖的椭圆形印痕。

图版4, 7 (K. 3054：12)。小足, 截面呈圆角长方形, 外角有狭窄的直口。器物灰色。

图版4, 9 (K. 3054：40)。大体轮廓如图版4, 7, 横截面呈角形长方形, 外角有低矮的凹陷脊。器物褐色, 内壁发黑。

图版3, 2 (K. 3054：50)。此处保存的器物足以说明它实际上是一件鼎, 外壁有较浅的斜篮纹。

足较直, 横截面呈圆角矩形。中脊突出, 指印较深。

图版5, 5 (K. 6353)。地点 IV, 1。

一条直足, 在底部横向加宽。中脊有强烈的斜指印。淡灰色器。

图版5, 4 (K. 6333)。地点 XV。曲足较粗, 向足底收窄。器壁上的中脊非常明显, 有极深的斜指印。褐色。

图版3, 5 (K. 3054：48)。长方形足, 中间有一条短脊, 一半在足上, 一半在器壁上。

图版3, 6 (K. 6341)。地点 XII, 4.55 - 5 米。这也是一件鼎, 有横篮纹, 腹部处有一尖窄的脊。足直, 向足底略窄。外侧略凹, 中脊有深缺口。

图版3, 1 (K. 6354)。地点 IV, 1。足较直且粗壮, 外侧略凹。中脊轮廓分明, 印痕深。蓝灰色器。

图版5, 1 (K. 3054：29)、5, 2 (K. 3054：27)、5, 3 (K. 6335)、 (地点 XV)、5, 7 (K. 3054：22)。这四件标本在形状上是密切相关的。陶质粗糙, 呈棕砖红色。它们都是三角形的, 向足底渐收。内凸明显。大多数平坦的外表有三条带有指纹的纵向脊纹 (以图版5, 1为例, 有四条)。此外, 图版5, 3 在基部高处有两个很深的印痕。

图3, 3 (K. 3054：33)。这条足在脚部变宽成铲状, 但在基部高处变厚。足根处有一条短的中脊, 下面有大片印痕。

陶胎 (Ware) 棕色, 足的表面与陶胎同为棕色, 但器物 (Vessel) 本身内外似乎都是黑色的。

图3, 4 (K. 3054：4)。形状和图版3, 3 的形状一样, 都是横向加宽的, 上面加厚的。

器物呈深灰色。

图版 6, 1 a 和 b（K. 3054：23）。这件足跟前一件一样。器物呈棕灰色。

图版 6, 2 a 和 b（K. 3054：19）。一条足侧面非常狭窄地压扁，但在足底部向四周扩张。

器物灰色。

图版 6, 4（K. 3040：1）。地点 XI。完全没有装饰的足，侧面极度压缩，随后向四周扩张。器物呈黑灰色。

图版 6, 3（K. 3054：16）。一件足和图版 5, 4 有相同的流畅曲线，虽然小得多，但从外面和侧面看都是这样。它的中脊很短，只达到足长的一半多一点。

6. 瓮（Urns）

图版 10, 2（K. 6550）。宽口矮瓮，表面光滑，但有刮擦痕迹。内壁颇不规则。手制。口缘宽 25 毫米。砖红色陶，高 155 毫米。外口径 208 毫米。底部外径 107 毫米。

图版 10, 4（K. 6259）。粗糙且极为不规则的浅灰色瓮。器表见有制作时留下的刮抹痕迹。高 150 毫米，外口径 150 毫米。口缘宽 18 毫米。

图版 9, 4（K. 6401）。宽口大瓮，口缘宽 28 毫米。

陶色为巧克力色，壁厚 5－8 毫米。领部平滑，其余部位饰横篮纹。在略高于一半的地方有一条水平的泥带附加堆纹，对称位置各装一个支架形的深凹的把手。高 276 毫米，外口径 250 毫米。

图版 10, 3（K. 6090）。近圆柱形瓮，灰陶。壁厚 5－6 毫米。外壁布满斜向的平直篮纹。中部稍微向下处有一条附着的泥带，领下方有一条更不清楚的泥带。领部宽 24 毫米，微微凸起。内壁钙化物较多。高 225 毫米。领部宽 169 毫米，是器身最宽的部分。

图版 9, 1（K. 6562）。地点 IV 附近。梨形，中上部最宽。棕色陶，壁厚 6 毫米。内外壁都很粗糙，无特殊纹饰。领部以下 4 厘米处附加有一细窄泥带，有指痕。束颈。敞口，口缘宽 16 毫米。

图版 8, 4（K. 6416）。一件制作粗糙且不规则的梨形器物，手制。束颈，口缘宽 25 毫米。

外壁有两种不同的纹饰，具有重叠关系。靠近领部下方至其下 45 毫米以内，饰有上平下斜的篮纹。篮纹大部分被叠加其上的竖向绳纹所覆盖。值得一提又令人疑惑的是，在某些部位，篮纹似乎晚于绳纹施加上去。在这两种相互交错的纹饰之上，附加有三条水平泥带，上面有浅浅的指印。第一条在口缘以下 6.5 厘米处，第二条位于中下部，第三条在底部向上 6 厘米处。高 272 毫米，最宽处的外径为 238 毫米。

图版 9, 2（K. 6422）。"白氏袋状坑"。一件较小的瓮，与图版 8, 4 很像。该

标本仅饰有一种花纹，即十字交叉篮纹。器表有四条附加泥带，一条在领部下方，一条在底部，最宽处及其下方分别有一条。红棕色陶。高182毫米，最大直径167毫米，外口径154毫米。

图版8，3（K. 5927）。一件较小的瓮，形状与前三件相似。外壁隐约见有斜向篮纹。篮纹上叠加三条同心角状的凸棱。手制，但领部有明显的轮制痕迹。高112毫米，最大直径118毫米，外口径116毫米。

图版11，3（K. 6412）。制作粗糙的小型瓮，敞口束颈，沿面近平。高69毫米，外口径80毫米。

图版9，3（K. 5522）。转载于《中华远古之文化》图版15，7。束颈陶瓶，手制。棕红色陶，表面呈黄棕色。中部偏下（或更多）的器表隐约见有篮纹。上部刮抹光滑。高306毫米，口径117毫米，底径88毫米。

图版8，1（K. 6352）。地点Ⅳ。高领瓮，陶色灰棕相间。壁厚5毫米。外壁有竖向篮纹，最宽处以上有不规则的水平刻痕。靠近底部及领部下方的外壁刮抹平滑。领高50毫米。口径117毫米，器高125毫米，最宽处直径167毫米。

图版8，2（K. 6222）。近球状的瓮，高直领。棕色陶，表面呈灰褐色，刮抹平滑。高183毫米，最大直径173毫米，口径112毫米，底径77毫米。

图版11，2（K. 6154）。地点Ⅳ。转载于《中华远古之文化》图版16，7。红棕色陶。一件小瓮的残片，除了领部和近底部区域是光滑的，其他部分均饰有深深的极明显的绳纹。高115毫米，口径87毫米。直领高19毫米。

图版11，4（K. 6347）。地点Ⅻ。小型高领瓮。高130毫米，其中领高67毫米，器身高63毫米。

图版11，1（K. 6551）。购于仰韶村。小型瓮，领部高且内凹，轮廓张扬，有一耳。褐色陶，表面呈灰色，光滑，接近磨光。高77毫米，领高42毫米。最大直径94毫米，口径77毫米。

图版12，6（K. 6311）。地点Ⅻ。一件小瓮的下部。灰褐陶，壁厚3毫米。内外壁均为不充分的黑色，因此将该标本归入典型的"黑陶"。领部底部有部分残余，表明领部与器身上部一样是光滑的。器身下部有菱形篮纹，底部大致平滑。

图版23，1（K. 3188）。大型陶器的领部，连有小部分器身。由于下部缺失，我们不能确定器型。这件残片的大体轮廓与大型陶鬲形状相似，但实际上比该时期已发现的陶鬲大得多。其领部形状及器身外壁的粗绳纹均与陶鬲相关特征相似。不过，该标本没有把手，这与上述假设相矛盾，所以它可能是件大型瓮。

器物呈"黑陶"中常见的棕色，内外壁似乎均被熏黑。壁厚5－6毫米，手制。内壁极不规整，外壁饰有深深的、规则的绳纹，领部也曾饰有绳纹，但现在大部分被抹去了。

图版 12，2（K. 3040：7）。地点Ⅺ。瓮的残片，内外壁均有轮制痕迹。灰陶，器表为深灰色。

图版 12，7（K. 6437）。小型器物残片，灰陶，有轮制痕迹。壁厚 5－7 毫米。

图版 18，4（K. 6465）。口缘残片，大致轮廓如图版 18，3。器物粗糙，夹粗砂。颜色多变，红棕色、灰色间杂。器壁极厚，厚 8－12 毫米。在最宽处以上，见有宽阔的同心凸棱和凹弦纹；以下饰有斜向刻槽纹。

图版 33，4（K. 3014：159）。一件大型瓮的残片，陶色为巧克力棕色，器表呈黑色。壁厚 4－6 毫米。领部近直。器身外壁布满长方形篮纹。

图版 35，5（K. 6311）。小型瓮。棕灰色陶。壁厚 3 毫米。表面微黑，大部分光滑，见有菱形篮纹组成的宽条带。

7. 灰陶尖底器（Grey Vessels with Pointed Bottom）

图版 22，2（K. 6424）。原版于"白氏袋状坑"1922 年。

在《中国史前史研究》第 230 页已有描述，但为了与接下来的标本进行比较，在此重述。

标本 K. 6424 的整个颈部是原件，呈喇叭状，领部上端稍阔并加厚。壁厚 6 毫米。内壁布满钙化物。器底原件残片高于器高的三分之一，它由六件陶片成功拼接而成，饰有斜向篮纹，这些篮纹可能遍布除领部以外的整个器身。

直径 306 毫米，领部直径 132 毫米，高 548 毫米。

图版 22，1（K. 6425）。"白氏袋状坑"，1922 年。

《中国史前史研究》第 230 页中对标本 K. 6424 大致描述也参考这件标本。

这件标本的器底部分完全是根据我们收集的底部残片复原的。颈部及整个器物上部一直到器物的三分之二处，都是根据陶器残片原件拼成的。

这件标本的领部形状与标本 K. 6424 完全一样。壁厚 6 毫米。器物外壁布满斜向篮纹。器形略显不规则。

标本 K. 6424 与 K. 6425 在形状上有明显的不同，前者较为纤细且尖，而后者上部较方，器底较钝。现有的原件残片完美的证明了两者外形上的区别。

口部直径 114 毫米，腹径 294 毫米，高 538 毫米。

8. 有柄的钝尖陶器（Obtusely Pointed Vessels with Supporting Ring）

图版 23，2 a 和 b（K. 6323）。地点Ⅺ。这一带发现的很多陶片，在器形上非常相似，恰巧可以合并成两组，即 K. 6323a 和 b。虽然未发现这两件标本的连接部位，但两者在细节上一致，所以毫无疑问，他们属于同一件器物。

棕色陶，内外壁均被染黑，且黑色物质渗透到一定的深度。

这件陶器为手制，制作粗糙，内壁粗糙不规则，外壁饰有杂乱分布的绳纹。口缘微微不规则加厚。

底尖较钝，其上附一陶环，起到支撑作用。

图版23，3（K.6322）。地点Ⅷ，a。

器底与图版23，2相似，但更大。灰陶，器物粗糙，壁厚5-7毫米。器物大体为手制。外壁布满粗糙的绳纹，横向见有两层同心的刻划线。

器底有明显的支撑环的痕迹。

高142毫米，口径96毫米。

9. 觚形器（Tumblers）

图版12，9（K.5902：8）。转载于《中华远古之文化》图版7，4。

淡灰色陶。壁厚4毫米。器底及外壁均有轮制痕迹，内壁粗糙不规则。外壁平滑，轻微磨光。底部外壁有四条不规则的宽沟槽。

图版12，8（K.6238）。另一种形状的觚形器，上部呈圆柱状，靠下三分之一部分较窄，连有微微偏离的底部。圆柱部分外壁轻微磨光，近乎平滑。内收部分外壁粗糙。

灰陶。

高117毫米，直径110毫米。

图版11，5（K.6565）。地点Ⅻ附近。这是发现的最精美的器物，在此与前两件标本一并说明。

灰陶，可能为轮制，器壁轻薄。主体部分是圆柱形，口部内收精妙，可能有器盖。器底也稍有收缩。有一个大的器耳，另一边是否也有暂时无法确定，因为那部分器物都是复制来的。

圆柱形部分外壁饰有斜向短切纹，这种纹饰之上横贯有两条规律的浅沟槽，应为烧前施加的。上面那条浅沟槽与器耳上端连接处平齐，下面那条浅沟槽略高于器耳下端连接处。

10. 罐（Jar）

图版34，2（K.3028：12）。一件大罐的口缘残片。灰陶，壁厚6-9毫米，口沿厚24毫米。部分增厚是由于外面叠加两条泥带的缘故。

器壁饰有极细但很不规则的绳纹。

11. 炊器（Cooking Stoves）

我们对古代仰韶居民如何做饭知之甚少。不招寨的章节中曾讨论过一个例子，通过将特制的鬲和底部有孔的瓮结合起来，证明了仰韶时期"甗"的存在（不招寨章节图版90）。另见《中国史前史研究》第259-260页。

河南史前遗址

另一个例子发现于仰韶村，见图版 21，1（K. 5925）。这个独特标本在《中华远古之文化》图版 17，3 中已被介绍，在此引用该文中的描述。

"这是一件器物残片，形状清晰且复杂。灰陶，厚 5－7 毫米。"

器物的上部是一个简单的罐子，底部可能略呈圆形，如图所示。沿这件器物的侧面，有一层外壁沿垂直方向向下延伸。两层器壁的交合处，见有大的椭圆形穿孔，大概有六个。穿孔周边的器壁呈黑色，我认为这件器物是一种炊器，穿孔用于排烟。容器的下部是复原的，假设了一个开口，供燃料进入。"

然后在现有材料的基础上对标本的下部进行了复原。我仍然认为底部附近很有可能有开口，就像《中华远古之文化》中所描述的那样，因此，我坚持认为这件器物可能是一个炊具。

器物口沿下方有一个（或者两个）把手。复原后我们更清楚地看到，这六个穿孔（其中两个在原件中保存着）是用于排烟的。

在仰韶村发现的大量材料中，也发现了两件类似的器物残片，一件是图版 21，2（K. 6427）。

灰陶。壁厚 5－8 毫米。

在残片的右下缘，见有一个排烟孔，其与双层器壁的关系与图版 21，1 相同。器壁上的绳纹也与图版 21，1 相似，但上部纹饰被磨平。器表见有两道横向的把手痕迹，大致如图版 34，4。

图版 34，4（K. 6440）是第三件可能属于这类器物的残片。它属于一件大且重的器物，仅存留一小部分。器物上部较浅，口沿下方连有厚重宽大的把手。

仅保存有内外器壁的交合处。

棕色陶。壁厚 10－12 毫米。

12. 碗和盆（Bouls and Basins）

图版 13，1（K. 6391）。手制小碗。内外壁十分光滑，稍微磨光。高 34 毫米，最大直径 101 毫米。

图版 13，3（K. 6215）。小碗，较深，深灰色陶。

高 55 毫米，直径 118 毫米，壁厚 5 毫米。

图版 13，4（K. 6400）。"白氏袋状坑"。小碗，较简单，器表由棕色至黑色。

高 45 毫米，直径 124 毫米。

图版 13，5（K. 6227）。简式小碗。灰褐陶，壁厚 4－5 毫米。边缘简单且薄（见横截面）。内外壁均平滑，略有磨光。整个外壁和内壁上部发黑，内壁底部为红色。

碗高 44 毫米，直径 126 毫米。无圈足，器底微微内凹，底径 55 毫米。

图版 13，2（K.5898）。"白氏袋状坑"。原版见于《中华远古之文化》图版 7，3。碗，中等大小，直边，向内加厚。深灰色陶，壁厚 4 毫米，手制。外壁上部磨光，下部刮抹。内壁较不规则。高 94 毫米，口径 212 毫米，底径 78 毫米。上部轮廓弧起，下部轮廓近直。

图版 15，1（K.5933）。复原的碗，中等大小，较深。深灰色陶，壁厚 6 毫米。内外壁均不规则，带有不同方向的条纹。内外壁均有钙化物。碗高约 54 毫米，直径约 177 毫米。

图版 15，2（K.6419）。碗，手制，极不规整。灰陶。内外壁均粗糙。高 63 毫米，直径 153 毫米。

图版 15，3（K.6230）。碗，手制，较厚，极不规整。砖红陶，很粗糙。内外壁布满深沟槽。高 81 毫米，直径 132 毫米。

图版 15，5（K.6228）。灰陶，很粗糙。碗的边缘有出水口。外壁有近水平的篮纹。口缘内外均有斜向压痕。内壁纹饰很独特：刻有宽宽的沟槽，可能是用小木钉刻的。其中有几条沟槽较长，几乎是水平的，大量短沟槽斜向排列，两者形成了不规则的图案，图中展示出该图案的一小部分。

高 69 毫米，直径 178 毫米。

图版 17，1（K.6219）。大碗，较深。精美的灰陶。手制，但外表面平滑。高 90 毫米，直径 172 毫米。

图版 16，1（K.6417）。"白氏袋状坑"。

盆，器壁轮廓不规则内凹。棕灰色陶。壁厚 8 毫米，手制，颇不规则，内壁有大洞。器表脱落严重，但上部光滑，分布有细密的同心纹。内壁有一条同心的线纹。内壁上半部分有一条水平的宽浅线条，其上为横向分布的细条纹；其下，为斜向细条纹，均为烧前所施。边缘直且简单。高 95 毫米，口径 303 毫米，底径 110 毫米。

K.6403。深的碗的残片，灰褐色陶，很粗糙，含有大量石英颗粒。器表隐约见有近水平的篮纹；内壁见有细条纹，大部分呈水平分布。口缘扩宽。高约 126 毫米。

图版 15，4（K.6392 a）。碗，口沿简单，直边，底部环有一圈齿状条带。高 60 毫米，直径 147 毫米。

图版 14，5（K.6392）。碗的残片，红灰色陶。壁厚 6 毫米。口缘方切。内外壁均粗糙。

近乎分离的器底，高 6 毫米，底径 89 毫米。底部平坦，其边缘有许多狭窄的凹痕。碗高 59 毫米，口径约 202 毫米。

图版 14，2（K.6337）。地点Ⅶ附近。

中型碗，灰色器。内表面粗糙且不规整。外表面有横向分布的篮纹。壁厚8毫米。圈足上见有窄窄的印痕，圈足高12毫米，底径69毫米。碗高55毫米，口径约157毫米。

图版14，1（K. 6330）。地点XV。

碗，足非常高。外壁粗糙，刻有深深的划痕，内壁见有十分规律的轮制痕迹。

底高18毫米，有一些不规则的凹痕。

器高54毫米，口径148毫米。

图版14，3（K. 6252）。小碗，深灰色陶，壁厚4-5毫米。器型为规则的圆锥形，轮制痕迹随处可见。底部略有脱落。

高55毫米，口径133毫米。

图版14，6（K. 6235）。小碗，脱落明显，足高13毫米。灰褐色陶，壁厚10毫米。内外壁均不规整，因突出有矿物颗粒，比较粗糙。高57毫米，口径约150毫米，直径约150毫米，底径59毫米。

图版14，4（K. 6221）。小碗，红灰色陶，壁厚9-10毫米。内外壁均见有轮制痕迹。内部中心为小而深的空腔，边缘部位又阔又浅。

高37毫米，口径139毫米。

K. 6331。地点XV。小碗，厚壁，高足，足高7毫米。下部壁厚15毫米，底厚10毫米。灰褐色陶，有气孔。外壁隐约见有不规则的轮制痕迹。

内壁有细密规律的同心纹，像是轮制的。它由中间直径65毫米且较深的空腔和宽28毫米的边缘组成。高36毫米，口径118毫米，底径73毫米。

K. 6363。圈足小碗，高12毫米，褐陶，含少量矿物颗粒。壁厚8毫米，底厚12毫米。内外壁均光滑，见有细条纹。高47毫米，口径130毫米，底径75毫米。

K. 6231。小碗残片，灰陶。壁厚2.5毫米。圈足完好，高6毫米。内外壁均见有轮制痕迹。内壁有窄边，宽4毫米。

K. 6409。圈足小碗，高9毫米。灰褐陶，壁厚6毫米。口缘稍向内加厚。内外壁均粗糙。

图版16，2（K. 6247）。"白氏袋状坑"。

红褐色盆，十分粗糙的夹砂陶。扩口边缘宽46毫米，壁厚7毫米。手制。内外壁均有斜向分布的螺旋形图案，是在制作时，由不明显的篮纹图案或手的螺旋动作形成的，内壁的情况更倾向于第二种说法。边缘有细密的同心纹。高96毫米，外口径307毫米，内口径225毫米，底径120毫米。

图版16，3（K. 6591）。"白氏袋状坑"。

复原的平底碗，扩口边缘非常宽，壁面轮廓凸起。手制。外壁附加有一条宽15

毫米的条带。内表面比较光滑，呈褐色，见有同心细条纹；外表面非常粗糙，呈黑色。沿面宽66毫米，稍向内突出。高84毫米，外口径约350毫米。中心空间的直径为223毫米，底径约130毫米。

图版18，2（K.6396）。盆，红棕色陶。壁厚7-9毫米。内壁为光亮的黑色，外壁为深灰色。外壁不规整且粗糙，有不同方向的条纹。内表面也不规整，有大量烧前的制作痕迹。内壁是由器壁和宽3厘米的沿面组成的，腹壁与口沿间形成一条微隆的脊。高67毫米，口径252毫米，底径92毫米。

图版18，1（K.5902：7）。很小的盆，手制。已转载于《中华远古之文化》图版16，3。

器物精致，棕灰色陶。内外壁均经刮抹，轻微磨光。器表为灰褐色。圈足，外壁下部有一条隆脊。

高69毫米，口径224毫米。

图版17，2（K.6251）。"白氏袋状坑"。

大而深的碗。侧面轮廓下部直，上部微凸。边缘平坦加厚。灰色器。壁厚6毫米。容器不规则，手工制作。这件器物很有意思，因为它很清楚地显示了在粗面上涂上细灰胎料，以形成光滑的表面，然而，本器物却没有完成这个过程。高169毫米。外口径337毫米。内径295毫米。底部直径130毫米。

图版17，3（K.6246）。大而深的碗。器物为砖红色，壁厚5-10毫米。胎体轮廓微凸。高148毫米，直径335毫米。沿面宽28毫米。

图版20，1（K.6405）。较深的盆。灰褐色。壁厚7-9毫米。

手工制作。水平脊形柄，有四道深凹痕。剖面微凸。高126毫米，直径224毫米。口沿10毫米。

图版20，3（K.6398）。"白氏袋状坑"。

大碗，圆边向外加厚。器物浅灰色。厚度为5-6毫米。器物粗糙，手工制作。外表面下部呈细草印，上部呈横篮印。内表面有点平滑，上半部有宽而浅的线条，有的长而横，有的短而斜，可能是形成了某种装饰性的图案（比较图版15，5）。加厚的边缘宽15毫米，表面上显示出下面壁的篮纹。器身轮廓微凸。略高于其高度的一半，有一横脊状的柄，上面有三个深深的指印。缺失的另一侧很可能有一个相应的把手。延伸在手柄之间的是一条狭窄的凸起的脊。高147毫米，口径287毫米。底径115毫米。

图版20，2a和b（K.6549）。深碗（甑）。

器物中央为灰色，表层为砖红色，壁厚5-7毫米。

边缘向外加厚。轮廓微凸。柄有凹痕。原器残片显示底部两个孔的部分轮廓。

这一观察结果使我们认为，如复原的图版 20，2b 所示，器底有孔，使该器成为一件瓹。

高度 123 毫米。直径 245 毫米。

13. 杯和器盖（Cups and Lids）

图版 19，1（K. 6232）。这是一个微小的器物，形制与图版 14，1 相似，器身很小，钮很细，容易被认为是器盖而不是微型碗。这种解释是由一个事实支持的，即带有旋钮的凸面是光滑和磨光的，而凹面仅仅显示了塑造这个小器物的同心状轮旋痕迹。

高 32 毫米，径 78 毫米。

图版 19，2（K. 6395）。这件标本比图版 19，1 大，而且粗糙得多。它可能不是一个器盖，而是一个非常小的碗，类似于图版 14，6 那样。高 43 毫米，径 94 毫米。

图版 19，3（K. 6233）。一件浅砖红色小杯。做工粗糙。高 41 毫米，径 67 毫米。

图版 19，4（K. 6232）。砖红色的小圆锥形杯。高 47 毫米，径 82 毫米。

图版 19，5（K. 6500）。轮制而成的杯子，附有一个大耳。灰陶。高 82 毫米，径 123 毫米。

图版 19，6（K. 5902：2）。手制而成的杯子，较粗糙，附有一个大耳。棕色陶（参见《中华远古之文化》图版 15，5）。高 68 毫米，径 110 毫米。

图版 33，8（K. 5902：3）。参见《中华远古之文化》图版 15，3。

有一个很大把手的小杯子。手制，粗糙且不规则。高 57 毫米，径 59 毫米。

图版 33，10（K. 6234）。小杯子或者瓮（?），外表粗糙且不规则。高 57 毫米，径 58 毫米。

图版 33，7（K. 6407）。小型器或者玩具。棕色陶。壁非常厚。高 41 毫米，底径 43 毫米。

图版 33，1（K. 6443）。小杯，敞口。厚壁。底部显现出大的指印。高 60 毫米。

图版 32，6（K. 6256）。小杯，近圆柱形，近口部稍窄。深褐色陶，表面黑色。

图版 32，8（K. 6406）。小杯的残片。内外壁均为红褐色。很不规则。

图版 32，13（K. 6236）。一个奇怪的容器，器口平面形状呈椭圆形。棕色陶，表面灰色。底部有五个深而不规则的坑，中间一个有两个穿孔。

图版 33，12（K. 3033：3）。地点 XII，308 – 490 厘米。棕色陶。表面近乎黑色。壁厚 3 – 5 毫米。杯子或玩具的残片。

14. 高足残件（High – Footed Pieces）

现在我们将描述一组非常有特点的容器，但首先要介绍一些专业的术语。

这种类型的第一个史前标本，已在我 1923 年的《中华远古之文化》第 62 页，图版 15，2 中得以描述。这是与本文图版 28，1（K.5902：4））相同的标本。它被描述为一个"高足残件，足中空，上面有一个盆形容器"。

在一部非常重要的出版物中，即《城子崖》，南京（Nanking），1934 年，作者描述了Ⅲ式（大口一足），又分为五种类型，第一型也是最重要的一型，即豆形的祭台或灯。吴先生对这些"台子"作了专门研究，将其分出七种类型（第 60 页，1c）。其中四种类型与早期王朝的豆非常相近。但第 60 页依次排列的第三型是典型的觚形，那是我从安阳青铜器中获悉的。毫无疑问，像我们图版 28，1 这样的标本，与其说是一个豆，不如说是一个被高柄支撑的碗，虽然它的上半部分只要稍微改变一下，就会变成一个觚。甚至很有可能，豆和觚都是从图版 28，1 这样的器物发展出来的。

就像《城子崖》的作者用他的Ⅲ式（大口一足）来包含豆、皿、"盘"、"臼"等不相干的器物一样，我在这里将继续用我简单的术语"高足残件"，来包含从图版 28，1 到小"臼"在内的各种类型的器物。

图版 28，1（K.5902：4），《中华远古之文化》图版 15，2。

棕色陶，很精致。壁厚 3.5 – 6 毫米。高足残件，中空足上托起一个盆形容器。足上有 7 孔，孔径 20 – 23 毫米。上部即盆的部分，有一条凸棱环绕外壁。内壁被处理成两部分，口沿处的缓坡带和中部较深的碗状部分。表面光滑。没有明显的轮痕。

高 215 毫米，盆的部分的径是 202 毫米。

图版 28，2（K.6477、K.3044：46、55）。三块碎片不能拼在一起，但几乎可以肯定属于同类器物。陶质是完全相同的，壁厚是相同的，三块碎片的内外壁都涂上了一种赭黄的膏状物，这种膏状物常见于仰韶陶器。这些碎片中只有两块被用于修复成图版 28，2。

灰陶，很硬。壁厚 5.5 毫米。外壁磨平，适度磨光。外壁局部保留了奇怪的赭石涂层的痕迹，它覆盖了所有的孔和整个内壁。这种涂层不能与其他许多器物的陶衣（slip）相比。

可以说，下半部的修复是相当安全的，但即使在这里也有疑点。上半部的孔是向右倾斜的，下半部分的孔至少有一个是向左倾斜的。上半部只有图版 28，1 被修复了。

下半部有两排竖直的孔，图中左侧有一个孔，说明其他象限有一个或多个孔。

图版 29，1 – 4（K.6435、K.6434、K.6214、K.6433）是一组形制与图版 28，

1 类似但矮而结实的器物。图版 29，4 是一件非常宽大的标本，与《城子崖》报告的图版 24，2 非常相似。四件标本均为灰陶。图版 29，1 的壁厚只有 4 毫米，其他的是 5 – 7 毫米。图版 2、4 的轮制痕迹很明显，其他两件不太突出或没有。图版 29，1 有 4 个孔，靠近底部。

图版 35，9（K. 6324）。地点 XI。

高足容器的底部（？）残件。棕色陶，壁厚 4 – 5 毫米。

在外部形状上，这件残件与图版 28，1 类似，但有一个根本的区别，即图版 28 的底部是敞开的，正如图版 28、29 所示的所有其他器皿一样，但图版 35，9 有一个平底，它就放在上面。

较窄部分的底部似乎有一个手柄。外面有黑色涂层痕迹。

图版 30，2（K. 3014：123）。这是一组高足残件中的第一件标本，似乎是属于豆组的，即小碗支撑在高高的圆柱形柄上。在本例中，"上还是下"这个问题很容易解决，因为图中翻下的一端有一个平坦粗糙的足面，中间有一个孔。

棕色陶。壁厚 6 毫米。表面发黑。圆柱形的柄上有篮纹痕迹。

图版 30，1（K. 3014：114）。在这里，碎片的位置也取决于这样一个事实，即图中向上翻转的扩展部分是由柄支撑的碗的中心部分。

器物棕灰色，表面灰色。壁厚 4 – 7 毫米。圆柱形的柄上有 4 排或更多的大孔。

图版 30，5（K. 3014：110）。棕色。表面灰色，经刮削磨光。壁厚 6 – 7 毫米。圆柱形的柄在最低处呈喇叭形。盘只保存了很小的碎片。

图版 30，7（K. 3014：120）。器物为棕色。表面深灰色，光滑，有轻微的磨光。壁厚 5 毫米。

柄的圆柱形部分有宽阔的圆形凹弦纹和一些非常平缓的凸弦纹，都在图中清楚地显示出来。上盘的中央部分保存下来了。

图版 30，4（K. 6375）。豆的柄部。器物灰色至褐色。表面黑色，高度磨光。

底部残缺不全。豆盘部缺失。柄下部有凸弦纹。

图版 30，3（K. 6351）。地点 IV，1。豆的碎片与图版 30，5 和图版 30，7 都有共同之处，都有喇叭形的底座（图中没有显示）。和图版 30，7 的共同点是有同心的凹弦纹。陶胎（Ware）呈棕色。表面深黑色，有磨光。壁厚只有 3 毫米。底部缺失。豆盘的中心保留。

图版 30，8（K. 3014：73）。一种属于豆 – 瓿（Tou – Ku）类低而宽的类型。

器物呈棕灰色，表面暗淡，浅灰色。整器是轮制的。盘底有相当一部分保存下来。底部直径 100 毫米。

图 30，10（K. 3014：122）。一件宽大的高足器的碎片，大概是簋（Kuei）。器

物呈棕色，表面黑色，有光泽。壁厚 7 毫米。

只保存了盘和底的连接部分。据判断，底是圆柱形的。只有盘的底部保存了下来。它的主要特征是有点不规则，但相当连续的螺旋形凹弦纹（图 12）。

图版 33，5（K. 6373）。一件微型高足器，由一个盘支撑在近乎圆柱形的窄柄上组成。

陶胎和表面呈红棕色。高 76 毫米，盘的直径 90 毫米。

图版 30，9（K. 3014：111）。一件很重的残片，从图 13 来看，它一定是空心底的。陶胎呈棕色，表面暗淡，黑色。其独特之处在于它显示出高足器组中有完全平底的支架。

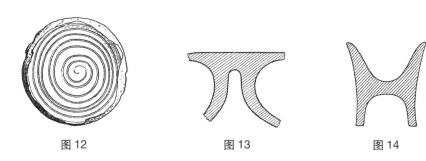

图 12　　　　　　　　图 13　　　　　　　　图 14

图版 30，6（K. 3035：3）。地点 IV。一件小的圆柱形器物，可能只是一个杯子。圆柱形，平底，口有凸缘。筒体半部有两条凹弦纹。

陶胎深褐色。表面深黑色，壁厚 6－7 毫米。

图版 10，1（K. 6404）。杯形器，很重。表面黑色，壁厚 8 毫米。从上到下都有很深的空洞，如图 14 所示。不过，因为太重了，不可能是饮用的杯子。高 88 毫米，口径约 89 毫米。

图版 33，3（K. 3014：108）。跟图版 10，1 一样，是一件非常粗犷的、不规则的器物，最上部缺失。它的内部形状如图 15 所示。陶胎和表面是灰色的。

图 35，8（K. 6223）。又是一件跟前两件一样的标本。器物呈棕灰色。壁厚 8 毫米。如图 16 所示，顶部的空腔由一个小的中央半球形盆和一个浅边组成，14 毫米宽。

高 90 毫米，顶部直径 77 毫米。底部直径 63 毫米。

图版 35，10（K. 6258）。很重，壁厚 15 毫米。陶胎和表面呈灰色。

底部缺失。内腔呈圆锥形，窄底。从器壁的厚度可以看出，该器是作为小型臼（mortar）使用的，但器腔最低处的狭小则与这一说法颇为矛盾（图 17）。

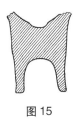 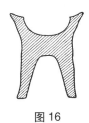 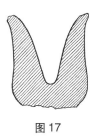

图 15   图 16   图 17

（二） 杂项，灰陶

图版 35，1、2、3、4、7（K. 6455、6451、3009：26、6454、6452）。

这五件残片几乎代表了我们从仰韶村遗址所了解的所有器型，但它们有一个共同的特点，即尖纽，是向下弯曲的。

1、2 号器为灰色，4 号器是浅灰色，3 号器为砖红色，7 号器为"黑陶"中的巧克力棕色。在这个标本中，表面不是黑色，而是很深的灰色。

1 是一个较大器物的残片，可能是一个盆。外面布满了近乎水平的篮纹。在纽的侧面有一个直穿器壁的孔。可能在纽的另一侧也有类似的孔。

2 有一对纽。

3 属于一个砖红色的盆。

7 是窄口的瓮或盆。

4 在两个孔之间有一个长长的尖纽，其中只有一个孔是直接穿透胎壁的。这个观察是有意思的。显然，这些孔没有任何实际作用。它们只是装饰性的，与长鼻状的旋纽一起形成了一张脸，使器物成为一种德语意义上的"面部"。如上所述，1 也形成了一个面部。

图版 35，6（K. 6320）。一件独特的器物。器物是本遗址中常见的巧克力色。

纵向剖面看，大致是双锥形的，但底面很不规则。上部是同心圆形的。中央是一个相当平滑的圆锥形盾牌。盾牌外面是一个用空心器制作的凹陷圆圈装饰的区域，在大多数情况下，它的核心是完整的。在这个区域之外是一条光滑的边框带。

直径 73 毫米。

图版 32，12（K. 6326）。地点 XII，290 – 350 厘米。

半个磨光工具。器物黄灰色。侧面布满短凹槽，可能是用手指甲做的。底面磨平了。

图版 32，1（K. 64747）。棱角分明的碎片，其真正的器型无法推测。红褐色。

图版 32，5（K. 6431）。一件很大的器物的流。器物灰色，有白色矿物斑点。壁

厚6毫米。稍微加厚的边缘在流的底部形成一个拱形。

图版32，11（K. 6429）。小型器物的流。棕色。

图版32，9（K. 6430）。小型器物的流。灰色。

图版32，10（K. 6432）。带7个筛孔的流（?）。陶胎棕色。表面灰色，厚壁。

图版32，3（K. 6368）。地点Ⅲ，55－140厘米。三件特色小物件系列中的第一件。

器型及表面砖红色。此器近于圆柱形，但两端稍宽。一端稍有损坏。表面光滑。

图版32，2（K. 6367）。比前一标本大，一端比另一端窄。表面黄灰色。通体光滑。

图版32，4（K. 6345）。地点Ⅻ，350厘米。

一端比另一端窄得多。宽端表面有许多深孔。表面黑色。

图版34，5（K. 6346）。地点Ⅻ，388－490厘米。

一个奇怪的小碎片。它的前面是敞开的，在那里它是直切的。如果是对称的，它的形状应该是小铲子。陶胎和表面是灰色的。

图版33，9（K. 3036：4）。地点Ⅱ，270－300厘米。

一块小碎片，可能是瓮的上部，有独特的交叉刻线纹。

图版12，4（K. 3055：16）。一件名副其实的"蛋壳"陶器的小碎片。器物及表面呈浅灰色。壁厚1.5毫米。较深的碗的残片或非常精致的觚（Tumbler）的碎片。

图版34，3（K. 6446）。一个大件器物的边缘碎片。器物棕色，很粗糙。壁厚8－11毫米。内壁很粗糙，外壁有斜篮纹图案。

竖式器柄的一部分。

显著的特征是一个垂直的直切面形成了人物的右轮廓。这肯定是我们的神秘器皿之一。

图版31，2（K. 6426）。一个大件器物的边角残片，大概是盆。器物呈巧克力色，很粗糙。壁厚7－9毫米。

边缘向内弯曲，内外光滑；边缘下面有粗糙的绳纹。

外壁有不规则的把手，大概是用来做柄部的。

图版36，2（K. 6470）。一个大件器物的边角料。器物灰色，粗糙。

图版36，8（K. 3014：13）。一个大的深盆的碎片。棕灰色。壁厚4－6毫米。

外壁上有附加堆纹，有指压的纽。内壁灰色，外壁黑色，都被不规则的磨擦痕迹磨平了。

图版36，9（K. 3014：3）。一个大件器物的边缘碎片，敛口。器物呈灰色。粗

糙的斜弦纹。

（三）黑陶

部分黑陶标本在前面不同分类中已被介绍，但仍有大量标本，或者色泽精美，或者有其他值得关注的地方，有必要以一个专门的主题对其进行描述。

本章原本包含的大量标本后来发表在了《中国史前史研究》一书的 67 – 70 页里。这些标本是：

K. 3014：7；K. 3014：16；K. 3014：35；

K. 3014：42；K. 3014：48；K. 3044：43；

K. 3055：1；K. 3055：3；K. 3055：12；

K. 5902：5；K. 6227；K. 6362；

K. 6402；K. 6415；K. 6446；

K. 6458；K. 6463。

以上标本可参考《中国史前史研究》这本书。

下面将对其余黑陶标本简要介绍。

图版 18，3（K. 3055：24）。碗的残片，腹壁陡折，敛口，棕色陶。壁厚 2 – 4 毫米。器表近黑色，稍暗淡。

图版 12，5（K. 3055：5）。较小的残片，剖面陡折，灰陶。壁厚 2 – 3 毫米。颜色呈深灰色，证明了黑陶和灰陶是如何相互融合的。

图版 38，4（K. 3009：41）。这是一件极小的残片，与前件标本为同类器物。灰褐色陶。壁厚 2 – 3 毫米，磨光细腻。

图版 12，3（K. 3055：9）。器物残片，类似 K. 3055：3（《中国史前史研究》图版 31，3），但更粗糙，手制。棕色陶，壁厚 1.5 – 3 毫米。表面轻微磨平。

图版 12，1（K. 6360）。高碗（译者注：折腹盆）的残片，口沿向外加厚，灰褐陶。壁厚 1.5 – 3 毫米。外壁呈深灰色。轻微磨光，轮制。

图版 31，5（K. 3014：33）。瓮的领部残片，棕色陶。壁厚 3 – 4 毫米。表面漆黑，经轻微磨光。

图版 31，1（K. 3028：1）。大口瓮的残片。烧前在领部钻孔。器物颜色斑驳，中部棕色、浅绿色、灰色间杂。壁厚 9 毫米。有轮制痕迹。器表呈黑色，稍暗淡。

图版 31，3（K. 6459）。一件器物，图中完美展示了它的形状。这件标本有一个平底作为支架。器物颜色为巧克力棕色，器表为暗黑色。高 120 毫米。

在一篇专门的论文中，高本汉（Bernhard Karlgren）教授将其解释为与印度摩亨佐·达罗（Mohenjodaro）遗址中某些发现有关的阳具符号。《东方博物馆馆刊》

（BMPEA）》，第 14 卷，第 65 – 69 页，K. 6458（见于《中国史前史研究》图版 30，1）与这件标本很类似。

（四） 砖红陶

砖红陶中的几个碗、一个瓮（K. 6550）和一个鼎（K. 3000：67）已在本书的前面章节进行描述。相比于本章描述的标本，他们中大部分砖红色不明显。

1. 瓮的残片（Fragments of Urns）

图版 38.2（K. 3009：54）。器物内外壁均为深砖红色，间杂棕色。壁厚 4 毫米。无轮制痕迹，但表面经细致磨光。

图版 37，6（K. 3009：46）。该标本表面的棕色和光滑程度与图版 38，2 完全一样，但器物内外壁为砖红色，中心为灰色。折沿宽 22 毫米。器身最宽处有一窄脊。

图版 38，1（K. 3009：15）。该标本设计完美，尤其是其美丽的深红色陶衣。壁厚 4 – 5 毫米。折沿宽 21 毫米。内壁上部有双层水垢。

图版 38，6（K. 3056：16）。一件较小残片，剖面丰富。灰陶，但近表面呈砖红色。壁厚 5 毫米。

图版 39，3（K. 3056：30）。这是一件高盆或大口瓮的口缘残片。中心为深灰色，个别部位完全烧成砖红色。壁厚 5 – 7 毫米。表面纹饰近篮纹。口沿厚实，厚约 34 毫米，领部以下 90 毫米处有一泥土条带，上见有深深的指痕。

图版 40，6（K. 3056：26）。大口鼓腹瓮的边缘残片。质地粗糙，呈砖红色。壁厚 4 – 5 毫米。器表饰有斜向刻槽纹，成组分布。同心凸棱叠压在斜向刻槽纹之上。

图版 36，3（K. 3009：38）。残片，同上。

图版 40，8（K. 3056：24）。器表纹饰与图版 40，6 相同，但器形没有那么鼓。此外，还有一条斜向的泥带，上饰有指痕。

图版 36，5（K. 3056：23）。细小的残片，与图版 40，8 器类相同。

图版 36，7（K. 3056：25）。瓮的残片，大概与前面四件相似，只是表面纹饰更不明显、不规则。

图版 40，5（K. 3009：11）。是另一个鼓腹瓮的残片。器表纹饰与图版 40，6 相同，只是这件标本表面的凸棱是自左向右的。砖红色陶。壁厚 5 毫米。

图版 40，3（K. 3009：65）。瓮（微鼓腹）的口缘残片，灰色陶，仅近表面呈红色。壁厚 7 毫米。器表仅饰有不规则的刻槽纹。

2. 罐（Jars）

图版 39，2（K. 3056：54）。大罐的残片。质地粗糙，通体呈砖红色。壁厚 8 – 9 毫米。器表布满横向分布的篮纹，篮纹上附加有两条无装饰的泥条。

图版 39, 1（K. 3056：28）。另一件陶罐的口缘残片。质地粗糙，中心呈灰色，近表面为砖红色。壁厚 7 毫米。器表布满从左至右斜向分布的弦纹，口沿外壁经磨光。有一处叠加有水平的泥块，上饰有深深的指痕。

3. 盆（Basins）

图版 40, 4（K. 3009：66）。盆的口缘残片。器物通体呈砖红色，壁厚 6－7 毫米。器表无纹饰，但附加有一横向分布的泥条，上见有深深的指痕。

图版 37, 4（K. 3009：50）。盆的残片，同前，但该盆的深度更深。中心呈灰色，横向泥块上有一些轻微的刻线。

图版 39, 4（K. 3056：29）。盆的口缘残片，边缘扁平，器表中部布满横向的深刻槽。

图版 37, 2（K. 3009：43）。盆的小残片，口缘光滑，器身表面饰有从右向左的弦纹。砖红色陶，壁厚 6 毫米。

图版 39, 6（K. 3056：27）。这组盆中第一个敛口的盆。原本器表分布有从左向右的斜向弦纹，但外壁上部的横向纹饰基本覆盖了弦纹。砖红色陶。壁厚 10－11 毫米。

图版 37, 5（K. 3056：5）。盆的残片，制作工艺同前，但器型更高，腹壁垂直。

图版 40, 1（K. 3009：59）。一件很重的盆的残片。腹壁上部垂直，规律分布有很深的同心刻槽纹。口沿平滑，内收，沿面宽 39 毫米。砖红色陶，壁厚 9 毫米。

图版 36, 4（K. 3056：19）。一件高盆的残片，腹壁垂直。内折部分外壁上饰有压痕。腹壁上部光滑，下部有横向的宽凹槽。砖红色陶，壁厚 6 毫米。

图版 40, 7（K. 3056：7）。盆，类型同前，但腹壁光滑。砖红色陶，壁厚 4 毫米。

图版 38, 5（K. 3056：14）。盆，同前，但边缘更丰厚。

图版 37, 7（K. 3056：45）。盆的底部，烧前在底部穿孔，穿孔较大。在其他遗址也发现了类似的罕见标本。

4. 尖底容器（Vessels with Pointed Bottom）

从我们在仰韶村的广泛发掘中，我们还没能找到任何标本可以与河阴县（Ho Yin Hsien）的复原器物相媲美。而河阴县的复原器物曾指导我们解释了众多丰富多样的仰韶村陶片。

图版 24, 5（K. 3056：36）。一件最普通的口沿。器物中心为灰色，近表面为焦红色。壁厚 5－6 毫米。外口径为 90 毫米，但由于口部的结构，实际口径几乎不超过 40 毫米。颈部外壁上饰有交叉的刻划纹。

图版 24, 1（K. 3056：11）。器型与图版 24, 2（K. 3056：21）密切相关。

图版 24，8（K.3056：1）。一个厚重且独一无二的标本。领部很高且完整，像一个截断的鸡蛋。领部光滑，但器身有较深的刻划纹。器物中心呈灰色。一个科学而有趣的特征是下口径很窄，仅 40 毫米，而上口径是 55 毫米。

图版 24，3（K.3056：2）。这又是另一种类型，形状似截断的圆锥。上口径只有 29 毫米。器物整体呈浅灰色，中心是深灰褐色，近表面呈焦红色。

图版 24，4（K.3056：35）。一件小型器物的半个口沿，轮廓光滑简单，饰有细小的横向条纹，略显不规则。

图版 24，7（K.3056：3）。一件大型器物的口沿，与图版 24，5 相似。器表模糊见有斜向刻划纹，下部的刻划纹被平滑的浅坑覆盖。

图版 24，6（K.3023：4）。地点 IV，深 0.55 – 1.44 米。表面十分光滑。

图版 36，6（K.3056：53）和图版 36，1（K.3056：52）。后一件标本为《中华远古之文化》图版 7，1（器底），这件陶器的尖底大体同前述关于领的描述。这两件残片均通体呈砖红色。两件标本，尤其是第一件，非常清晰地展示了泥条盘筑的制作过程。

5. 杂项，砖红陶片（Miscellaneous Brick – Red Pottery Pieces）

图版 38，9（K.3009：62）。一件壁厚 16 毫米的口沿残片。沿面光滑，宽 35 毫米。口沿以下布满特殊的绳纹。此外，还有三块相似类型的陶片代表了这种器物的下部。

图版 34，6 a 和 b（K.3189：1，2）。我们很容易相信，这些陶片与《城子崖》图版 21，4 的"灰陶"相似。而我们这里的陶片也有一些类似的绳纹。这个完整的标本高 35 厘米，壁厚 1 – 3 厘米。

图版 37，3（K.3056：12）。一件小陶片，上面有一特色的手柄，柄的底部有两个附加的钮。砖红色陶，壁厚 4 毫米。器表布满斜向刻划纹。

图版 34，1（K.6436）。一块薄薄的残片，内外部都很独特，砖红色陶，宽 4 毫米。内壁见有小凸起，外壁饰有白色的条带。

图版 38，7（K.3009：13）、38，8（K.3056：17）、38，10（K.3009：53）、38，11（K.3056：15）。有特殊纹饰的小陶片。7 号边缘有凹槽。8 号器表有成排的凹坑，系用棍子从右至左戳印而成。10 号器表见有用细木棍从上至下插入陶胎中产生的凹坑。11 号为瓮的小残片，器表饰有同心分布的小突起。

图版 38，3（K.3056：49）。口沿残片，沿外折。

图版 37，1（K.3056：13）。口沿残片，沿外折，器表有细微的横向条纹。

图版 40，2（K.3056：50）。边缘的碎片，有凸棱。

河南史前遗址

（五） 彩陶

仰韶村的彩陶已经在下面的出版物中有过介绍。

安特生：《中华远古之文化（An Early Chinese Culture）》（《地质汇报》第5号，1923年）。

图版9－12。

图版13，1－2、4、7。

图版14，4。

安特生：《沙锅屯洞穴遗址（The Cave Deposit at Sha Kuo T'un）》，1923年。

《中国古生物志》D系列，第Ⅰ卷，第1册。

图版12，1－4。

阿恩（Arne）：《河南石器时代的彩陶（Painted Stone Age Pottery from The Province of Honan）》

《中国古生物志》D系列，第Ⅰ卷，第2册。

图版3，3－6。

图版4，7－9。

图版6，16－17。

图版9，31。

图版10，40、42－44。

图版11，45、52－54。

图版12，56。

图版13，66、69－73。

在仰韶村，没有发现一件完整的彩陶。在这方面，甘肃是能获取大量丰富材料的地区之一。另一方面，已发现的仰韶陶片中，尤其是小碗，其色彩的精美和器表的光泽都是无与伦比的。关于这些材料具有的稀有特质，阿恩（Arne）的出版物图版4，7－9中提供了一些想法，但并不完善。

1. 器型分类（Form Types）

仰韶村彩陶的一个特点是，几乎不见红陶翁，或者说很少见。

大量碗的残片中，很多尺寸很小。此外，还有一些像《中华远古之文化》图版14，1－2一样的大型器物残片。还有一件残片即图版50，6，可能与《中华远古之文化》图版14，3类似，代表了一种类型。由于我们对这些标本的下半部分和深度都不了解，我认为用中性词"容器"来称呼它们更好。

器型分类如下：

（1）薄壁小碗，口沿简单，腹壁微曲：

图版41除19、21－23外；图版42除1－2、7－8外；图版43，1－2、4－7、13－15；图版44，8－11；图版45，1、3、5；图版46，2－3、5；图版47，5、7－8；图版48，2－5。

图版45，5和图版48，4显示了两种类型的碗，一种的轮廓是平滑简单的，一种的轮廓呈柔和的曲线。

（2）敛口碗：几件未上彩的此类标本已与单色陶一起描述。此外这类标本还有：图版38，5；图版39，6；图版40，1、7；图版42，1－3；图版45，3、8－10；图版50，1、7。

沿面宽31－41毫米。折腹呈角形，弯折处形成沟槽。图版50，7没有这样的沟槽，它的轮廓与图版44，2相似，但图版44，2的折腹虽然急收，却未折断。

（3）敞口的碗或瓮：图版43，18－19；图版44，1、3、5－7、12；图版45，4；图版46，1、4；图版47，1、6；图版48，6；图版49；图版50，9。

其中图版48，6这件标本与《中华远古之文化》图版14，2相似，可能属于高挑的容器。

图版49中的所有器物均为敞口。他们的形制可能是深腹盆。

（4）浅直腹盆：图版41，22－23。因为图版41，22这件标本的口沿得以保存，我们可以将其复原，器高56毫米，口径约160毫米，腹壁垂直，器身为标准的圆柱形。图版41，23与图版41，22相似，但高度不详。

（5）梨形容器（Globular pear－shaped vessels）：图版44，4和图版50，6，敛口。它们与《中华远古之文化》图版14，3相似，但这两件标本太碎，无法复原。

（6）有领的容器：图版50，2－3。这两件标本有真正的领部，但不足以进行复原。

2. 陶系（Ware）

与粗胎单色陶形成鲜明对比的是，仰韶村彩陶的器物纹路细密均匀，氧化状态差异很大，有的标本器壁全部呈灰色，有的则整个器壁被氧化成砖红色。但在大量的器物中，氧化仅限于器物内外表面接壤的表层区域。在一些罕见的情况下，外壁的一半被氧化成砖红色，而内壁的一半是灰色的。

全部陶片中，图版41，5、16、26和图版47，3这四件标本，外壁有一些灰白色。

3. 彩陶设计（Painted Designs）

在这些图案中，白色为底，黑色为图案，红色为点画，不论是表现器物的淡红色还是深红色，红色条带都是起点缀作用。图版48显示的是在暗红陶上绘制的淡红彩，这种彩绘图案主要通过线条的不同色调来表现。

黑底白彩的设计较少见。如图版41，13、22－23、27；图版47，2－7。

另一组陶片，黑色图案以下有一个高光泽的深红色条带：图版41，2－4、8－9、14－15、27；图版46，3、5、7。黑色与这种光泽条带的对比令人赏心悦目。在我看来，这组器物代表了河南仰韶时期彩陶的最高品质。

图版42中的一些陶片，1－3、15、17，显示了不太容易解释的现象。器表由边缘往下有一个砖红色的区域。图版42，2－3这两件标本的该区域大约与内折处的边缘相吻合。这里可能有淡红色的暗色条纹，上面有深红色的钩形图案。

图版42，15、17，砖红色的区域延伸到陶片内部。这种砖红色看起来像是通过烧制产生的，当时的下部受到保护，不受氧化作用的影响。图版42，17，在砖红色的狭窄区域上画了一条彩带。

整体而言，仰韶陶器的彩绘装饰非常自由。常见的图案有弧形线条（图版44，8、12；图版47，4）、弧边三角形（图版41，5；图版44，4）、圆点（图版41，11、17；图版44，2－3）、圆点与线条交叉（图版41，12、13、18）。

竖线和斜线的组合以及弧边三角形和圆点的组合，常装饰在小碗的边缘部位（图版41，1－17）。

叉形图案（图版41，14、27）在这组纹样中比较罕见。

较大的碗口缘处常饰有一条黑色或红色的宽条带（图版42，4－6、9、11－14、16－17）。图版42，6的黑色条带不窄于55毫米。

类似的黑色口缘宽条带，我们在山西（Shansi）保德县（Pao Te Hsien）年延村（Nien Yen Tsun）也见到过（见《中国史前史研究》图版96）。

方格纹和成组斜线形成的菱形图案也有出现（图版41，25－26；图版43，1－2、8－9、10、12、18－19；图版48，1－3、5－6）。这种设计将仰韶村的彩陶与河阴县的一些大型容器联系起来（见《中华远古之文化》图版14，1－2）。图版42，7－8是两小块灰陶残片，带有暗色的磨光线条，在山西的两个遗址也发现了类似的陶片（《中国史前史研究》图版96，2；图版97，3）。

（六） 石制品和骨制品

1. 石斧（Stone Axes）

图版51，1（K.674）。闪长岩石斧，横截面为圆角矩形，上部不规则变薄，仅边缘经磨光处理。长160毫米，宽61毫米，厚43毫米。

图版51，2（K.515）。闪长岩短石斧，后半部分厚重，上体方切。长112毫米，宽53毫米，厚39毫米。

图版 51，3（K.686）。闪长岩短石斧。横截面呈长方形。长 104 毫米，宽 54 毫米，厚 33 毫米。

图版 51，4（K.787）。厚重的二长石斧。横截面为长方形，上部圆润。长 127 毫米，宽 50 毫米，厚 39 毫米。

图版 52，1（K.513）。原版见于《中华远古之文化》图版 6，16。重型闪长岩石斧，重心在前部，上体方切。钙化相当严重。长 125 毫米，宽 58 毫米，厚 44 毫米。

图版 52，2（K.679）。绿岩石斧，轮廓圆润，前宽后窄，截面呈椭圆形。钙化严重。长 95 毫米，宽 52 毫米，厚 30 毫米。

图版 52，3（K.677）。绿岩石斧，横截面为长方形，上部圆滑。长 123 毫米，宽 48 毫米，厚 33 毫米。

图版 52，4（K.680）。大型绿岩石斧，横截面为长方形，前部宽大。长 157 毫米，宽 69 毫米，厚 40 毫米。

图版 53，1（K.628）。绿岩细石斧。仅边缘部分经磨光。长 112 毫米，宽 33 毫米，厚 31 毫米。

图版 53，2（K.630）。绿岩细石斧，钙化严重。长 125 毫米，宽 29 毫米，厚 28 毫米。

图版 53，3（K.690）。石斧，轮廓圆润。长 125 毫米，宽 52 毫米，厚 38 毫米。

图版 53，4（K.627）。原版见于《中华远古之文化》图版 6。细长石斧，后部最高。长 153 毫米，宽 29 毫米，厚 35 毫米。

图版 53，5（K.785）。绿岩石斧，体型硕大。长 122 毫米，宽 55 毫米，厚 39 毫米。

这些石斧中大部分（如图版 51，1 - 4；图版 52，1 - 3；图版 53，5）属于我在《中国史前史研究》中所说的河南石斧，是一种上部方切、截面呈长方形的重型工具。

图版 52，2 和图版 53，3 为圆轴、边缘宽厚的石斧。它们与一些盘山石斧相似，例如《中国史前史研究》中的图版 65，1 - 2 和图版 75，1。

图版 53，1 - 2、4 为细长石斧，远似《中国史前史研究》中的图版 67，1。

2. 锛（Pen）

图版 54，1（K.521）。绿岩重石锛，有细纹。似乎原本是图版 51 - 53 所示类型的石斧，通过剥片形成两个大的近平的表面，一个用于外侧，一个用于边缘，它被改造成了一个石锛。长 136 毫米，宽 54 毫米，厚 29 毫米。

图版 54，2（K. 519）。绿岩细长石锛。侧缘微外弧。长 162 毫米，宽 53 毫米，厚 20 毫米。

图版 54，3（K. 520）。绿岩宽石锛，侧缘微外弧。长 132 毫米，宽 53 毫米，厚 20 毫米。

图版 54，4（K. 717）。绿岩宽石锛，较短。外侧比前者更凸。钙化严重。长 99 毫米，宽 54 毫米，厚 18 毫米。

图版 54，5（K. 2200）。绿岩厚石锛，较短，头部极宽。长 93 毫米，宽 59 毫米，厚 21 毫米。

图版 54，6（K. 524）。石锛，很可能是由一件断了的石斧加工而来的。长 111 毫米，宽 51 毫米，厚 21 毫米。

图版 55，1（K. 535）。宽石锛，较短，石料为绿色致密火成岩。长 59 毫米，宽 35 毫米。

图版 55，2（K. 527）。绿岩重型石锛，有暗斑。长 81 毫米，宽 49 毫米，厚 20 毫米。

图版 55，3（K. 556）。石锛，石料呈深色，有细纹。长 53 毫米，宽 26 毫米，厚 13 毫米。

图版 55，4（K. 552）。小型石锛，石料为黑岩，有绿白色的脉纹，高度磨光。长 64 毫米，宽 32 毫米，厚 14 毫米。

图版 55，5（K. 529）。宽型石锛，灰绿岩，有暗斑。长 66 毫米，宽 54 毫米，厚 16 毫米。

图版 55，6（K. 541）。小型细石锛，石料颜色斑驳，呈深色。长 65 毫米，宽 25 毫米，厚 14 毫米。

图版 55，7（K. 545）。绿岩细石锛，轮廓极度弯曲。长 73 毫米，宽 26 毫米，厚 14 毫米。

图版 55，8（K. 1064）。绿岩石锛。长 73 毫米，宽 39 毫米，厚 16 毫米。

图版 55，9（K. 539）。小型石锛，灰绿岩。长 62 毫米，宽 34 毫米，厚 14 毫米。

图版 56，1（K. 572）。小型石锛，黑岩，高度磨光。长 46 毫米，宽 22 毫米，厚 13 毫米。

图版 56，2（K. 586）。微型石锛。长 28 毫米，宽 12 毫米，厚 6 毫米。

图版 56，3（K. 568）。石锛，深灰岩。锈蚀严重。长 47 毫米，宽 24 毫米，厚 9 毫米。

图版 56，4（K. 557）。石锛，深灰岩，细致磨光。长 46 毫米，宽 21 毫米，厚

12 毫米。

图版 56, 5 （K. 570）。石锛，深灰岩，经磨光。长 47 毫米，宽 19 毫米，厚 7 毫米。

图版 56, 6 （K. 612）。石锛，很厚，霏细岩，呈深色。经磨光。长 58 毫米，宽 18 毫米，厚 17 毫米。

图版 56, 7 （K. 546）。石锛，石料呈深色，经磨光。长 57 毫米，宽 24 毫米，厚 12 毫米。

图版 56, 8 （K. 566）。石锛，浅灰色斑驳的岩块。长 54 毫米，宽 19 毫米，厚 9 毫米。

图版 56, 9 （K. 580）。原版见于《中华远古之文化》图版 6, 15。石锛，质地为坚硬且极为不纯的白色大理石。长 63 毫米，宽 16 毫米，厚 13 毫米。

3. 小型宽石斧（Small Broad Axes）

我的第一篇关于仰韶古村落的文章《中华远古之文化》（1923）中描述了一件小型宽石斧（图版 6, 14），在此转载于图版 57, 5。在沙锅屯也发现了一些同类的标本，《沙锅屯洞穴遗址》图版 6, 8 - 11。在奉天（Fengtien）出土的标本中，图 9 与仰韶村标本最接近，它们的头部均比后部宽大。

图版 57, 5 （K. 665）。原版见于《中华远古之文化》图版 6, 14。绿岩宽石斧，一面较平，一面完全凸起。长 67 毫米，宽 60 毫米，厚 19 毫米。

图版 57, 6 （K. 661）。绿岩石斧，同前，但更不规则。长 68 毫米，宽 61 毫米，厚 18 毫米。

图版 57, 2 （K. 472）。绿岩石斧，后端完全平坦，图中所示侧面极为圆润。长 56 毫米，宽 67 毫米，厚 11 毫米。

图版 57, 7 （K. 3151）。绿岩石斧，形状不规则。后部狭窄，前部加宽。长 89 毫米，宽 69 毫米，厚 16 毫米。

图版 57, 3 （K. 663）。石斧，石料呈棕色。后端平滑，正面轮廓凸起。长 55 毫米，宽 52 毫米，厚 17 毫米。

图版 57, 8 （K. 671）。绿岩石斧，与图版 57, 3 相似，但更细长。后端平滑，正面轮廓凸起。长 65 毫米，宽 37 毫米，厚 15 毫米。

图版 57, 4 （K. 668）。石斧，石料致密，呈褐色。后端缺失，细致磨光。后端平滑，正面轮廓凸起。宽 52 毫米，厚 16 毫米。

图版 57, 1 （K. 725）。石斧，灰色霏细岩。后端缺失。后部十分平坦，正面不规则凸起。宽 58 毫米，厚 14 毫米。

4. 宽而薄的穿孔石斧（Broad，Thin Perforated Axes）

在《中国史前史研究》的第 52、53 页和图版 17－18 中，我描述了一些可能用于某种仪式的磨光石器。在仰韶村发现的这类"石斧"大残片，是用深色不纯的玉石切割而成，转载于上述著作图版 74，2。在仰韶村的材料中，我们还有一些或多或少的零碎标本，这些标本转载于图版 58。

图版 58，2（K.510）。这是我们唯一完整的标本，由浅绿色晶状火成岩制成。这是一件未完成的作品，用石锤沿四周进行向心剥片，在两边形成宽而深的片疤，为穿孔做准备。图中所示的一面部分被磨平。长 150 毫米，宽 89 毫米，厚 20 毫米。

图版 58，1（K.652）。这是一件标本的上半部分，石料为灰色闪长岩。表面经粗制磨光。作为某种装饰，进行穿孔。

图版 58，4（K.483）。标本的下半部分被切断，石料为闪长岩，有粗糙的纹理。标本被埋入土壤之前就已断裂，断面后来被钙化物覆盖。

图版 58，3（K.481）。标本的后半部分被切断，石料为黑岩。这可能不是一件石斧，而是一个中间有穿孔的圆形器物。

图版 58，5（K.651）。石器残件，石料为深色岩石。中心有一个大的、良好的双锥状钻孔。外轮廓不存。

图版 58，6（K.6780）。标本刃部残缺，石料为灰色闪长岩。经磨削变得光滑，但未磨光。仅用锤子敲打形成双锥状穿孔。奇怪的是：就在断口上方，两边各有一条深 1 毫米、宽 8 毫米的浅沟，显示出很多磨损。

图版 58，8（K.6779）。王氏以西（我们在仰韶村南边一带发现了许多有趣的标本）。

这件器物钙化严重。石料可能是深色不纯的玉，有斑点。这件标本宽 104 毫米，厚仅 9 毫米，被切割打磨的很好，是一件很好的标本，两边对钻形成近圆柱形的大穿孔（直径 18 毫米）。

图版 58，7（K.769）。我带着犹豫的心情，在仰韶村一位村民那里买来了这件标本。石料为黑玉，略斑驳，有少量黑点。

这里仅能看到这件标本的后半部分，被极精巧的切割和磨光。标本最宽处 88 毫米，断裂处宽仅 83 毫米，厚仅 7.5 毫米。裂缝很旧，突出部分呈圆弧状，可能是由长期不断磨损所致。标本的切面非常规整。窄薄的侧面一端厚 5.5 毫米，另一端厚 4 毫米。它们的直切面边缘有棱角，但在抛光时略微变得圆润。沿这些侧面的边界有 4－5 毫米宽的圆形浅沟。

一面是双重或三重的切割。另一面有微弱的双切痕迹。在"石斧"的前半部分，一条笔直、隐约可察的浅沟沿边缘的底部，从一侧的圆沟到另一侧的圆沟穿过。

这件标本是买来的，其来源扑朔迷离。多年来我一直认为它是比较晚的标本，与史前遗址无关，而现在我犹豫的纠正了我的判断。这种优美的圆形切割也见于甘肃朱家寨遗址的标本中。朱家寨（Chu Chia Chai）遗址发掘报告中图版24展示了一件不对称的长长的凿子，其上有不少于三条与本标本一样长直的圆沟。这件从仰韶村买来的标本，形状规整，磨光精美，被认为有历史年代。比较之下，《中国史前史研究》卷首插图1，3－4展示的两件极薄的盘山玉凿，与在仰韶村买到的标本一样，十分规整，精致磨光。考虑到这些事实，不能排除仰韶村标本具有较早年代的可能性。它的年代问题必须保持开放，等待进一步的证据。

5. 石锄（Stones Hoes）

《中国史前史研究》图版23再现了许多细长的灰岩石锄，可能用于原始农业中。我们已标明（1. c. 第58页）这些石锄构成了河南仰韶文化的特征。

在仰韶村发现了很多这样的石锄。

图版59，1（K. 511）。这件标本很特别，其宽度是其他标本的近两倍，石料是石灰岩，呈浅巧克力棕色。整件标本因长期磨损而变得光滑悦目。长232毫米，宽155毫米，厚15毫米。

图版59，2（K. 505）。一件大型标本的下半部分。由一块灰褐色的石灰岩制成，由于它没有磨损痕迹，可能是一件未完成的作品，但边缘有剥片痕迹，两个平面有锤击痕迹。宽122毫米，厚23毫米。

图版59，3（K. 508）。深灰色石灰岩，长方形，手柄部分较窄，主要通过不规则的粗糙剥片制成。上部缺失。因不断的磨损而变得光滑。宽76毫米，厚15毫米。

图版60，1（K. 504）。标本的上半部分，石料的种类及边缘与表面的处理均与图版59，2相似，但更大。宽134毫米，厚24毫米。

图版60，2（K. 509）。深灰色石灰岩，斑驳且致密。原为长石锄，现被横切成短的四方形器物，如图版59，3。两边切割的深度只有2毫米，而中心已断。因长期磨损被打磨得很漂亮。宽80毫米，厚10毫米。

图版60，3（K. 735）。深色致密石灰岩。一件锄头的残片，手柄部分狭窄，上下部均有破损。

图版60，5（K. 507）。石锄的下半部分，石料为深色石灰岩。表面精致磨光。

图版60，4（K. 2436）。片状岩石，不规则器物。下部及左侧均有刃缘。长118毫米，宽73毫米，厚14毫米。

6. 石刀（Stones Knives）

图版62，3（K. 6786）。这是最原始类型石刀的典型标本。从绿岩卵石上取下一块合适的薄片，通过对边缘的剥片，最终形成了这把石刀的形状。侧面的两个凹槽

河南史前遗址

大概是系绳用的。

图版61，9（K.453）。大体轮廓同上，但更薄，可能是用很薄的云母石英岩卵石修整而成的。

图版61，1（K.6784）。"白氏袋状坑"。这是一块由砂岩制成的标本，有薄层细密绿色纹理（海绿石质？）。

图版61，11（K.400）。石刀，石料种类同前，标本形状也与前者大致相同。

图版61，3（K.6785）。"白氏袋状坑"。一把石刀的一半，与前两件标本同属海绿石质砂岩。标本形状十分规则，两侧有缺口，此外，中心有一穿孔。

图版62，2（K.11.113）。地点ⅩⅤ。规则的长方形石刀，为灰色石灰岩。顶部方切。两侧有深深的凹槽。

图版61，2（K.6782）。"白氏袋状坑"。灰黄色石灰岩石刀。顶部有圆孔。一端有深凹槽。

图版61，12（K.420）。软带状板岩。边缘多有磨损。

图版61，13（K.2183）。长方形大石刀，为红褐色石灰岩，切割极为规整。长125毫米，宽53毫米，厚9毫米。

图版62，1（K.11.120）。发现于仰韶村西部，不确定是否属于该遗址。经精心制作的石刀，石料为灰黄色细粒砂岩。边缘极为规整。长95毫米，宽52毫米。厚10毫米。

图版61，7（K.6787）。石料为棕色细粒砂岩。制作仔细，形状同前。

图版61，4（K.445）。经精心制作的石刀，为白色细粒砂岩。

图版61，8（K.417）。经精心制作的石刀，为深色结晶岩。

图版61，5（K.6783）。地点Ⅳ，1。白色砂岩，有海绿石质晶粒。

图版61，10（K.775）。云母片岩。

图版62，6（K.2195）。"白氏袋状坑"。灰色板岩。长窄石刀，有2个或3个穿孔。

图版62，4（K.415）。灰色石英岩？又长又宽厚（9毫米）的石刀，中心穿孔，两侧有凹槽。

图版62，5（K.410）。厚9毫米的长窄石刀？无穿孔或凹槽。

图版61，6（K.6781）。蚌刀的残片。

7. 骨器（Bone Instruments）

骨锥

图版74，1（K.3099：1）。细细的长骨锥，有轻微的钙化。长181毫米。

图版74，2（K.3066：9）。形状规整的骨锥。磨光良好。全身布满钙化物。长

98 毫米。

图版 74，3（K.6788）。"东崖"。骨锥，严重钙化。表面暗淡，经精致磨光。长 105 毫米。

图版 74，4（K.3100：1）。磨光良好的骨锥，上半部呈黄色。钙化物丰富，被啮齿类动物（？）咬破，但没有断裂。长 95 毫米。

图版 74，5（K.2175）。"白氏袋状坑"。骨锥，一端圆，另一端边缘如凿子一样扁。有一些钙化物。长 130 毫米。

图版 74，6（K.3100：2）。一件黑色骨锥的一半，磨光良好。

图版 74，12（K.3099：2）。一件骨锥的大半部分，制作精心，缺失的一端可能是扁平状的。

图版 74，13（K.3096）。黄褐色骨锥（？）。类似箭镞的一种，但更长、更细。尖端是钝的，整个器体微微弯曲，所以它几乎不可能是一个箭镞。长 103 毫米。

图版 74，14（K.3066：11）。深灰色的骨锥。长 132 毫米。

图版 74，15（K.3066：15）。骨锥，横截面呈扁平三角形。

图版 74，16（K.3066：17）。骨锥，一端扁平，一端尖。长 74 毫米。

图版 74，17 和 18（K.6729：2）。地点 XⅦ，（K.11.192）。地点 Ⅵ，5。两端尖，横截面近似圆形的器物。长 58 毫米，宽 67 毫米。

图版 74，10（K.3100：3）。与前几件一样，但用珠母贝切割。

图版 74，11（K.3067：2）。骨锥尖端呈小三角形状。

宽的带尖的工具

图版 76，9（K.3070：9）。宽骨尖的残片。

图版 76，7（K.3067：3）。宽钝尖工具的残片，由鹿角制成。

图版 76，12（K.3067：12）。

图版 76，13（K.3167：1）。地点 Ⅷ。

图版 76，14（K.3174：24）。"白氏袋状坑"。

图版 76，15（K.3064：7）。地点 XV。宽骨尖的残片。

图版 76，11（K.3067：1）。由鹿角（？）制成的凿状的尖。

缝衣针

图版 74，7（K.3175）。地点 XⅣ。缝衣针的上部分，针眼在针尖上。

图版 74，8（K.3067：18）。双针眼完整骨针。

凿形工具

图版 75，6（K.2172：1）。地点 Ⅰ。铲形工具，上部较窄（手柄），大部分已断裂。

图版75，7（K.3164：1）。地点V。一件薄的铲形工具。钙化物较厚。

图版75，1（K.3097）。小型凿形工具，上端方切。

图版75，2（K.3103：6）。凿形或铲形工具的残片。颜色由灰、棕色渐变为黑色，经精致磨光，钙化十分严重。

图版75，3（K.3066：4）。小型规则骨凿，上端断裂。

图版75，5（K.2172：2）。地点Ⅰ。拉长的匙形工具。颜色呈奶油色，磨光精美。

图版75，4（K.3160：3）。同图版75，5，但更纤细。

图版75，9（K.3044：42）。王氏以西。与前两件标本相似的工具。灰色，磨光良好。

图版75，8（K.3066：2）。骨器上部尾端有一阻塞物。灰色，磨光良好。

异形骨器

图版76，6（K.3067：5）。棒状器物，有一个狭窄的圆锥形尖端，就像一个用于放手的柄脚。

图版76，10（K.3067：6）。同前，但更不规则，内部中空。

图版76，8（K.3158：1）。一件造型独特工具的残块。由一块骨头切割而成，骨质为海绵状，中心中空。底部方切，底部有一深6–9毫米的未完成的切口。圆形轮廓的底部被裂缝分成两部分，一部分在基底，一部分在40毫米以上。裂缝宽9毫米，最厚处厚6毫米，深度仅3毫米。用途不明。

8. 野猪长牙制品（Objects of Boar's Tusk）

图版76，3（K.3108：1）。一把刀或剃刀，最底处有短刃。

图版76，2（K.3044：41）。王氏以西。同前，但没有明显的刃缘。

图版76，1（K.3104：2）。一个薄切的野猪牙片。可能是为了装饰。

9. 珠饰（Bead）

图版74，9（K.3134：3）。由空心骨制成的长管状珠饰。

10. 陶勺和类似器物（Pottery Scoops and Similar Objects）

图版77，1（K.12000：1888）。a 内部，b 外部。

该标本原本是一件精美的砖红色陶碗的碎片，是由一个破损的砖红色器皿制成的，有红色的条带，但并非绘图所致。它的形状主要通过外壁打磨形成边缘（见1b）。

图版77，4（K.3069：3）。这件工具是由一块淡灰色陶片制成的。轮廓弯曲，边缘很钝。

图版77，3（K.12002：63）和图版77，5（K.12000：332）。用陶片切割而成。

图版 77，2（K.2193）。一件外观非常奇怪的泥器，像一块破旧的黑皮革。表面磨光。一面有三条放射状的沟。

11. 纺轮（Spinning Whorls）

图版 71，1（K.3159：3）。陶纺轮，表面呈棕灰色，内部为灰色。侧面看呈圆台状。底部直径 45 毫米，顶部直径 28 毫米，高 30 毫米。

图版 71，4（K.3150：8）。浅砖红色黏土，侧面呈矮圆锥状。直径 42 毫米，高 12 毫米。

图版 71，6（K.2184）。同图版 71，4，但土色稍深。

图版 71，2（K.11230：2）。"白氏袋状坑"。土质粗糙，表面呈黑色。形状为矮圆柱形。直径 43 毫米。

图版 71，3（K.3159：6）。质地较软，绿岩，穿孔为圆柱形。直径 41 毫米，厚 7 毫米。孔径 7 毫米。

图版 71，5（K.647）。原版见于《中华远古之文化》图版 6，2。鲜艳的红色石头。穿孔为圆柱形。直径 40 毫米，厚 7 毫米。孔径 7 毫米。

图版 71，10（K.3150：9）。灰黄色细粒岩石。圆柱形钻孔。直径 69 毫米，厚 12 毫米。孔径 9 毫米。

图版 71，8（K.3150：17）。灰色糖粒砂岩。穿孔为不规则的双锥状。直径 62 毫米，厚 20 毫米。孔径 17－8 毫米。

图版 71，9（K.646）。灰色细粒钙质岩。钻孔一侧略呈圆锥形。直径 65 毫米，厚 10 毫米。孔径 11－8 毫米。

图版 71，7（K.3159：5）。灰红相间的变色石灰岩，圆柱形穿孔。直径 65 毫米，厚 6－9 毫米。孔径 9 毫米。

图版 71，11（K.648）。红灰色细粒岩。略带钙化物。直径 83 毫米。内部厚为 9.5 毫米，外部厚为 5 毫米。

12. 双锥体泥器（Biconical Clay Objects）

图版 72，9（K.2185）。地点 XI。

巧克力棕色的双锥体泥器。表面呈深灰色。腹中部位有 4 个穿孔，至少有两穿孔在内部相连。上部有第五个穿孔。

图版 72，10（K.3159：15）。双锥体器，表面呈巧克力棕色。一个大的穿孔斜穿腹中部位。最上端有一个浅孔。长 36 毫米。

图版 72，11（K.3155：1）。表面呈黄灰色。穿孔如图版 72，10 腹中部位的斜向穿孔。顶部有浅孔。长 47 毫米。

图版 72，12（K.3069：1）。表面呈灰褐色，形状近圆柱形。上下顶点间有一垂

直穿孔。用途不明。长 52 毫米。

13. 磨光器（Polishers）

在《中国史前史研究》第 75 页中，我曾对甘肃和河南仰韶文化的 aa 和 bb 两类陶器进行了说明。它们在仰韶村也很有代表性。

图版 72，5（K. 3159：2）。蘑菇形陶器，有短手柄。直径 65 毫米。

图版 72，7（K. 3159：7）。卵形陶器，有一穿孔，可供手指插入。长 53 毫米。

图版 72，8（K. 3159：4）。大而零碎的深灰色陶器。一端呈方形切面，另一端不断细收。上部有粗糙的绳纹，还有大的指孔。底面因使用被磨光。

图版 72，4（K. 6790）。重型陶器，截面呈圆角三角形。有插入手指的穿孔。长 84 毫米，最宽处为 54 毫米，最窄处为 50 毫米。

14. 微型陶器（Miniature Vessels）

图版 72，2（K. 3159：8）。一件制作粗糙的器物，轮廓呈椭圆形。土色呈巧克力色。底部有两个粗制的穿孔。长 63 毫米。高 41 毫米。

图版 72，3（K. 3159：9）。方形切割的小型器物，有手柄。灰褐色陶。总长度 40 毫米。

图版 72，6（K. 3159：10）。同前，但手柄向上翻。

15. 白垩质圆柱器（Chalk Cylinder）

图版 72，1（K. 3149）。白色且质地柔软的白垩质物质，完全可溶于盐酸。一端有一圆锥形穿孔。长 70 毫米，直径 83 毫米。穿孔深 30 毫米，锥形穿孔底部直径 25 毫米。

16. 石盘（Stone – Discs）

图版 73，15（K. 773）。深色大理石质大圆盘。下部（如图所示）及侧壁下部 10 毫米处打磨整齐。侧壁上三分之二及整个上表面不规则且粗糙。侧壁近底部较窄，顶部较宽。最可能的解释是，这个标本被拿在手里，进行研磨或磨光的动作。直径 132 毫米，底部直径 118 毫米，厚 35 毫米。

图版 73，11（K. 6789）。修整不规则的圆盘，为近白色的细粒砂岩。上表面（如图所示）为层理面，下表面打磨整齐。侧边修整粗糙。这件标本也可能用于磨光。直径 65 毫米，厚 19 毫米。

17. 圆锥状器物（Rounded Conical Objects）

图版 73，10（K. 639）。深色结晶岩的器物，钙化严重。顶部有一些磨损。长 70 毫米，直径 40 毫米。

图版 73，9（K. 640）。绿岩。顶部和底部平面有一些磨损。侧壁下部绕有一条浅沟痕迹。长 50 毫米，底部直径 35 毫米。

图版 73，7（K.3138：4）。灰色石灰岩。钙化物较多。长 46 毫米，底部直径 34 毫米。

图版 73，8（K.6472）。粗糙的灰褐色黏土烧成的圆锥状器物。底部平坦规整。侧壁下部绕有一条十分明显的沟槽。长 52 毫米，底部直径 43 毫米。

由于其中一些器物底部有磨损痕迹，他们可能被认为曾用于某种研磨活动。另一方面，我们应该知道高本汉曾把这种锥状泥器解释为阳具符号。《中国古代的一些生育符号》《东方博物馆馆刊》第 2 卷，1930 年，图版 2，1－3。

18. 椭圆石球（Elliptical Stone Ball）

图版 73，14（K.752）。云母质赤铁矿岩的椭圆石球。如图版所示，从上面看，其轮廓为圆形，但从侧面看其轮廓为椭圆形。直径 64 毫米，厚度 40 毫米。

19. 投掷球（Sling Balls）

图版 73，1（K.2192）。由烧土制成。球形良好。直径 26 毫米。

图版 73，2（K.3164：4）。地点 V。为浅红色烧土。直径 16 毫米。

图版 73，3（K.637）。坚硬的灰白色石头。直径 25 毫米。

图版 73，12（K.634）。烧土制成，形状略扁平。较大直径为 56 毫米，较小的直径为 40 毫米。

图版 73，13（K.2186）。烧土制成。直径 45 毫米。

图版 73，16（K.3174：31）。"白氏袋状坑"。重型的不规则陶球。直径 75 毫米。

图版 73，4、6（K.3150：21、20）。经烧制的陶球（残块），呈巧克力棕色。表面密密麻麻饰有一排新月形的印痕。

一个完全相同的纹饰已经由 H. 施密特（H. Schmidt）描述在《土耳其斯坦考察记》，第一卷，华盛顿，1908，图版 43，8、11。直径 33 毫米。

20. 三角形石板（Triangular Tablet）

图版 73，5（K.3159：12）。三角形石板，为红色钙质岩。长 46 毫米，宽 27 毫米，厚 5 毫米。

21. 箭镞（Arrow Heads）

（图版 63－64，所有器物均为自然尺寸）

扁平的三角形箭镞

图版 64，15（K.11161）。原版见于《中华远古之文化》图版 6，11。红色板岩。近底部两侧边有凹槽。

图版 64，16（K.2173）。地点 IV 附近，灰色板岩。

图版 64，19（K.2179：3）。致密且质地相当柔软的红色岩石。

图版 64，20（K. 6729：27）。灰色板岩。

图版 64，17（K. 11159）。原版见于《中华远古之文化》图版 6，9。灰色板岩，有一柄脚。

图版 64，18（K. 2180）。原版见于《中华远古之文化》图版 6，10。灰色板岩。这件标本的形状与以下分类形成过渡。

横截面呈菱形或三角形的宽三角形箭镞

图版 63，1（K. 11167）。原见版于《中华远古之文化》图版 6，8。灰色板岩。从尺寸来看，它可能被称为长枪头。

图版 63，2（K. 2779：4）。灰色板岩。尺寸也是小的长枪头的大小。

图版 63，3（K. 11158）。灰色板岩。

图版 63，4（K. 2179：1）。灰色板岩。

图版 63，5（K. 6729：22）。灰色板岩。

图版 63，6（K. 11209）。"白氏袋状坑"。黑曜石。

图版 63，9（K. 3138：9）。王氏以西。深色板岩。

图版 64，13（K. 6729：18）。地点Ⅱ，深 70 – 140 厘米。骨质。有奇怪的长柄。

图版 64，14（K. 11182）。野猪的獠牙。

图版 64，12（K. 2177）。地点Ⅲ，深 0.55 – 1.4 米。野猪的獠牙。

图版 64，10（K. 11183）。地点Ⅲ，深 0.55 – 1.4 米。珠母贝。

图版 76，4（K. 3100：5）。珠母贝，钙化严重。

图版 76，5（K. 3100：4）。珠母贝。

图版 64，11（K. 6729：11）。王氏以西。骨质。

图版 64，9（K. 11178）。王氏以西。骨质。

图版 64，8（K. 11180）。地点ⅩⅥ，骨质。

图版 63，14（K. 11172）。王氏以西。灰色板岩。

横截面呈菱形细长型标本。

图版 63，13（K. 11174）。小的长枪头或箭镞。灰色板岩。

图版 63，12（K. 6729：1）。坚硬的灰色致密岩石。下半部为不规则圆形，箭尖横截面为三角形。

图版 63，11（K. 11171）。灰色板岩。

图版 63，10（K. 11176）。灰色致密岩石，硬度不高。

图版 63，7（K. 3101：14）。灰色致密岩石，硬度不高。狭长的圆柱形或圆锥形，柄部断裂。

图版 63，8（K. 6729：17）。带有绿黄色斑点的岩石，微微半透明。质地柔软似玉。

图版 64，7（K. 3174：18）。骨质。尖部横截面呈三角形，下部横截面呈圆形。

图版 64，6（K. 6729：7）。地点 II，深 70 – 150 厘米。骨质。形状同前。柄部破损。

图版 64，5（K. 11197）。王氏以西。骨质。

图版 64，3（K. 1119）。地点 XIII，骨质。箭尖一面为平面，另外两面为拱面。

图版 64，4（K. 3174：14）。骨质。箭头基部可能与图版 64，6 – 7 相似。

横截面为圆形的箭镞

图版 64，2（K. 6729：6）。骨质。横断面为不规则圆形。

图版 64，1（K. 2176）。地点 V，骨质。箭尖为形状十分规整的圆锥状。柄部断裂。

22. 石环和陶环（Stone and Clay Rings）

在仰韶村遗址中有大量石环和陶环。我们的图版 65 – 70 充分展现了各种类型的圆环。关于材料和形状的一些记录将作为对图版的说明。

（1）材料

制作圆环的材料大多是石头和泥土，少数是用珠母贝制成的。有一件可能是玻璃质的，这种情况属于晚期的混入。有两件标本材料不确定，可能是骨质。

石环

图版 65，1。绿白杂间的大理石。

图版 65，2。青灰色（滑石?）大理石。

图版 65，3。青灰色玉石。

图版 65，4。绿色斑驳的大理石。

图版 65，5。灰色皂石。

图版 65，6。不纯的灰色大理石。

图版 65，7。白色半透明大理石。

图版 65，8。灰色大理石。

图版 65，9。白色大理石。

图版 65，10。斑点不纯的大理石。

图版 65，11。白色大理石。

图版 65，12。灰色不纯的（滑石?）大理石。

图版 66，1。红色细粒岩。

图版 66，2。深色结晶岩。

图版 66，3。深色结晶岩。

图版 66，4。深色结晶岩。

图版 66，5。绿色玉石。

图版 66，7。深色结晶岩。

图版 66，8。淡黄色的大理石。

图版 66，9。黑色片岩。

图版 66，10。质地坚硬、黑绿斑驳的岩石。

图版 66，11。质地坚硬的黑色岩石。

图版 66，12。深灰色软岩。

图版 67，1。灰绿色大理石。

图版 67，2。白色大理石？

图版 67，3。灰色物质，有淡黄色涂层。

图版 67，4。白云母。

图版 67，5。玉？

图版 67，6。鲜艳的绿色软岩。规格 2.82。

图版 67，7。浅色半透明滑石。

图版 67，8。斑驳的大理石。

图版 67，9。微晶玻璃（后期混入）。

图版 67，10。灰色石灰岩。

图版 67，11。骨类物质，高度磨光。

图版 67，12。白云母？

图版 67，13。珠母贝。

图版 67，14。灰色石灰岩。

图版 67，15。珠母贝。

图版 67，16。深色软岩。

图版 67，17。珠母贝。

图版 69，1、3、5 为深红褐色的细长圆环，由高度磨光的细粒石切割而成。

图版 69，14。黑岩，高度磨光。

图版 69，16 和 18。青灰色大理石。

图版 70，7、9 与图版 66，1、图版 69，1、3、5 质地相同，为红色细粒岩。

陶环

以上未提及的圆环均为陶制，大多为灰色，个别带有红彩或黄彩。

（2）形状

图中展示了不同形状的陶环，大多都附有横截面的插图。

补充说明。

从图版67，8和图版68，1那样的厚陶环，到图版65和图版66那样的宽圆环之间有很多种形式。

陶环横截面有圆形的，如图版69，17；马蹄形的，如图版69，18；以及四方形的，如图版67，14。

图版68右列的六件标本属于特殊类型，与我在《中国史前史研究》第266页所命名的"内缘加厚圆环"相同。图版68，12以一种奇特的方式呈不对称状。

我应该称图版70为"驼峰板"。

图版70，4为锯齿状。余下标本的外轮廓均有驼峰状突起。突起有的像图版70，2一样小而多，有的像图版70，13一样少而远，有的像图版70，11那样隐约可辨，有的像图版70，8一样十分尖锐。几乎所有的横截面上都有锐利的尖角。只有图版70，9用红岩切割制成，有着宽大而饱满的驼峰。其中有几处突起有横向沟纹（图版70，14、6、5等）。

第三节　墓葬区（地点XII）的发现

（一）墓葬内出土小件的坐标

大型墓葬区（地点XII）的地形已在地形章节中有过介绍。

唯一与陶器有关的尸骨是Q，它出土有5件陶器，包括陶鬲2件、陶瓮2件和陶盘1件。这五件陶器的描述见于《中国史前史研究》第246－247页，图版200。

该地点没有其他发现，在这种情况下可以判定这些陶器与尸骨有关。

然而在发掘过程中，在多个地方发现了一些手工制品。这些器物可见于图版78－79，并在下面加以说明。师丹斯基测量的坐标见下表：

墓葬内出土小件的坐标一览表

	X	Z	Y	（地点XII）
图版 78，1 （K.3071：1）	480	80	-273	
，2 （K.3080）	397	68	-267	在头骨上方发现，但可能与之没有关联。（师丹斯基）
，3 （K.3071：2）	480	80	-273	
，4 （K.3075）	465	51	-273	
，5 （K.3081）	455	233	-314	
，6 （K.3078）	200	186	-347	
，7 （K.3094）				
，8 （K.3076）	340	313	-415	在骨骼P的肋骨中发现。
，9 （K.3074）	655	52	-259	
图版 79，1 （K.3093）				
，2 （K.3088）	365	140	-329	
，3 （K.3089）	310	336	-372	
，4 （K.3079）	370	165	-370	
，5 （K.3085）	390	150	-273	骨骼P。在骨骼S的右边。
，6 （K.3077）	345	274	-402	
，7 （K.3090）	245	282	-390	
，8 （K.3087）	140	165	-347	
，9 （K.3086）	362	35	-335	
，10 （K.3091）				
，11 （K.3084）	210	190	-370	
，12 （K.3082）	250	285	-395	
，13 （K.3073）	595	66	-267	骨骼T。在左手下。
，14 （K.3072）	430	276	-338	
，15 （K.3092）				
，16 （K.3083）	205	190	-345	

（二） 地点XII出土小件描述

图版 78，1 （K.3071：1）。由紫色石英岩石片制成的石刀。侧面有凹槽，钙化严重。

图版 78，2 （K.3080）。投掷石球。直径 25 毫米。

图版 78，3 （K.3071：2）。长方形石刀，砂岩。钙化严重，长 65 毫米。

图版 78，4 （K，3075）。绿岩石斧的上半部分。

图版 78，5 （K.3081）。小型凯尔（Celt）特石器，为白色大理石。

图版 78，6 （K.3078）。大型绿岩（？）石斧的残块。

图版 78，7 （K.3094）。骨骼 G. 人类或某些大型啮齿动物刻成的骨片？

图版 78，8（K. 3076）。小型高盆，为深灰色斑点岩。

图版 78，9（K. 3074）。绿色斑岩石器的碎块

图版 79，1（K. 3093）。骨骼 P. 细窄骨器。

图版 79，2（K. 3088）。完整的缝衣针。

图版 79，3（K. 3089）。近黑色，磨光精美的骨针。

图版 79，4（K. 3079）。三角形尖状石器，可能是箭镞。

图版 79，5（K. 3085）。骨镞的底部。

图版 79，6（K. 3077）。三角形箭镞，为灰色片岩。

图版 79，7（K. 3090）。用野猪獠牙制成的尖部。

图版 79，8（K. 3087）。断针。

图版 79，9（K. 3086）。骨镞，平三角形，有一凸面。

图版 79，10（K. 3091）。骨锥的残片。

图版 79，11（K. 3084）。粗糙的骨质尖状器。

图版 79，12（K. 3082）。粗糙的骨质尖状器。

图版 79，13（K. 3073）。彩陶片，棕色陶。乳白色陶衣（slip）上有黑色彩绘。

图版 79，14（K. 3072）。彩陶片。普通仰韶砖红陶上有黑色彩绘。

图版 79，15（K. 3092）。骨骼 T. 鹿牙的残片。

图版 79，16（K. 3083）。双尖骨器。

（三） 墓葬区 （地点 XII） 附近的发现

在图版 25 - 27 中，我们集中展示了两组不同类型的器物，是在大型墓区地点 XII 附近发现的。

一组以图版 27 中的 4 - 9 为代表，是圆锥状陶器，高 45 - 76 毫米，由红褐色土制成。

据报道，在"王氏以西"一带发现了 20 件这样的陶片，被编为 K. 3045：1 - 20，即地点 XII 西南约 150 米处。

编号为 K. 2187：1 - 3 的三件锥状陶器也标着来自"王氏以西"一带，可能来自另一地点或其他收藏者。

此外，还有三个编号为 K. 6473 - 75（图版 27，1 - 3）的锥状陶器。其中 K. 6473 和 6475 仅见于仰韶村。但是 K. 6474 有一个特殊的标记"Pp"，这类标记在小南村西部、"王氏以西"附近有大量发现，小南村位于海拔 500 的发掘地点 X 和 XV 之间。

需要注意的是，所有这些发现都位于一个有限的区域内，大概是大型墓葬区地

点XII的西南部。

高本汉教授在《中国古代的一些生育符号》中描述过这类锥状陶器。《东方博物馆馆刊》第2卷，1930年，第1–54页，他把它们解释为在生殖崇拜中的阳具象征。

这些发现中最重要的是 K.3045：1–20，因为这些器物出土于同一个地点，加上 K.6564 a–o 的发现，我更加确定 K.3045：1–20 的重要性，因为我十分幸运，亲自发掘了这些小器物。

有一天我去视察，师丹斯基博士正在发掘大型墓葬区地点XII。我绕着工地走了一圈，看到老农王先生在山坡上挖土，那个山坡位于师丹斯基发掘遗骨位置西南方向的几十米处。他恰巧刚在土里发现了几件微型器物，我立即接手了那个地点的工作。就在当时地表下一个50×50厘米的空间内，密密麻麻排列着15件微型瓮，如图版25–26所示，比例为2：3。

这些小瓮的大小和形状已在图中完美展现，无需多言。

这些微型瓮与该遗址出土的普通生活工具相比如何？

图版25，1的形状和图版11，4非常接近，后者是前者的两倍。有趣的是图版11，4是在地点XII或其附近发现的，也就是 K.6564 a–o（图版25–26）的附近。另外，值得注意的是，图版11，5（K.6565）这件独特的陶器也是在同一地点出土的。

图版10，1、3、4那类瓮与大多数微型瓮相似。我们注意到这些小瓮与普通的仰韶瓮很相似，但稍有不同的是这些小瓮均有一个大的口部。假定这些小型器物是祭器（见下文），需要容纳一些祭品，那么这些小型器物的口部宽大就理所当然了。

有些微型瓮，如图版25，1和26，8–9，制作仔细，有轮制痕迹，尤其是器底的下方。其他的如图版25，4–6显然是手制的，但也很仔细。第三类是制作十分粗糙的陶器，包括前面没有提到的瓮。即使在这种不同的工艺中，我们也能发现仰韶陶器的一个特点：在两件同类器物中，一件往往是粗制滥造的，另一件则是工艺精湛的。此外，有些器物的上半部分制作精致，而下半部分却十分粗糙。

大多数瓮呈灰色，色调从浅灰色到近深黑色（图版2，5–6）。

图版25，4–6这三件陶瓮属于非常有特色的黑陶，这些手制的小型陶瓮不仅有"黑陶"光亮、磨光的黑色表面，而且有仅见于仰韶"黑陶"的巧克力棕色。

我们很容易将 K.3045：1–20 和 K.6564 a–o 这两批器物联系在一起，因为两者均出土于大型墓区附近（地点XII），代表了供奉死者的祭品，就像当今中国人在五月初五上坟祭祖一样？K. 6564 的微型陶瓮很可能装的是谷物和肉。

　　高本汉将 K. 3045 的锥形陶器与当今摆放在祖庙里的木牌进行了比较。

　　如果这种比较能够成立的话，我们就找到了仰韶阶段的原始中国人与历史时期的中国人之间的另一种平行联系。

第二章　不招寨遗址

第一节　遗址调查

仰韶村遗址发掘期间，我的助手陈某发现了一个重要的遗址——不招寨。不招寨东距仰韶村 10 里，东南距渑池县 15 里。1921 年 11 月 21 日，我在师丹斯基（Zdansky）博士的陪同下前往不招寨，陈某担任我们的向导，我们随即进行了观察，并做了简要记录。我本想回到这个重要的遗址进行系统的调查，但却一直没有机会。

不招寨的位置与仰韶村相似，位于两个大峡谷的交汇处，但这里的现代村落却位于两个峡谷之间的实际岬角上。与仰韶村相比，不招寨所在地要宽阔得多，沟壁也非常陡峭。宽阔平坦的峡谷底部布满了大量卵石，峡谷壁的黄土中也发现了类似的卵石嵌入。

我们在靠近村子的地方发现了许多裸露出来的文化层，灰色，夹杂木炭，与仰韶村的相似。需要指出的是，不招寨的文化层厚度最多只有一米，此外，我们在仰韶村遗址的任何地方都没有看到如不招寨这般突出的袋状坑（Pockets）痕迹。

陈某带我们到村子北面约两里的地方看了几处裸露的文化层，这些土层似乎只出现在孤立的、厚度不到一米的断面上，但在这些地方却有相当多保存完好的陶器标本和其他有趣的人工制品。

在靠近村北的地方及其下方有一处悬崖，暴露的文化层厚度至少有两米。在这里，我注意到一些保存较好的陶器，也注意到五层薄薄的白色石灰状硬物，就好像我们在仰韶村偶尔看到的那样。最深处有三层这样的薄层，每层厚约 8 厘米，分布较为水平，内部夹杂的白色物质似乎被打碎成一些几厘米长的小块。再往上约半米还有两层这样的薄层，每层只有 2 – 3 毫米厚。我们在每一层的底部，都能看到一些草本植物的印痕。在靠近村口的地方，我和师丹斯基（Zdansky）挖出了三只鹿的标本，两只小的，一只大的，其中两只鹿的骨架基本保存完好。鹿骨与陶器及大量木炭碎片一起发现于这处典型的文化层中。很难想象，史前不招寨遗址的居民是出于什么目的将这三只鹿紧紧地埋在一起，当然，也没有任何迹象表明这些标本的年代较晚。

村口附近的地方有一处发现。我们在一个废弃的现代民居洞窟上方的黄色土壤中发现一些陶器碎片，虽然被打碎了，但陶器的各个部位都很完整。

我们从不招寨遗址带走的丰富的资料中，几乎所有陶器都是粗大的单色陶。仰韶村遗址未发现细密的薄壁红陶器和黑色图案的陶器碎片，不招寨亦未发现任何碎片。

随后，陈某在独自调查时又发现两处遗址，出土遗物与不招寨非常相似：西庄村（Hsi Chun Tsun）位于渑池到仰韶村之间的公路旁，杨河村（Yang Ho Tsun）东南距渑池县约3公里。我虽一直没有机会对这些遗址进行复查，但却可以明显感觉到，陈某从这两处遗址带回的资料与不招寨有些相似，即都没有发现彩陶碎片。这样看来，与仰韶村相比，渑池县北的不招寨、西庄村、杨河村三处史前遗址都是没有彩陶的。鉴于这四处遗址的粗单色陶器和其他器物大同小异，我认为不招寨和仰韶村遗址的年代较为接近。

在我以前的出版物里已经发表了一些不招寨的资料。《中华远古之文化（An Early Chinese Culture）》（《地质汇报》第5号，1923年）中，不招寨采集的标本如下：

图版6，12－13，骨针。

图版7，6－7，单色陶。

图版8，1，鬲。

图版15，1、6，单色陶。

图版16，1、8，单色陶。

图版17，1，单色陶。

《中国史前史研究（Researches into The Prehistory of The Chinese）》，《东方博物馆馆刊（BMFEA）》，1943年，不招寨采集的标本如下：

第48页，图版9，三件河南的斧。

第67页，图版29，1、2，黑陶碗。

第68页，图版30，4，黑陶碗。

第68页，图版31，4，黑陶片。

第69页，图版31，1，大黑陶瓮。

第70页，图版33，3；34，1、2，黑陶片。

第75页，图20，aa. 磨光器 dd. 蚌镰。

第78页，图版35，2，蛋壳陶。

第128页，图版73，7、8，玉锛（Jade Pen）。

第224页，图版163，6，石刀。

第225页，图版164，6，石刀。

第 225 页，图版 165，1－3、8，石刀。

第 232 页，图版 167，2，鬲。

第 237 页，图版 179，2，鬲－鼎。

第 238 页，图版 179，1，鬲－鼎。

第 239 页，图版 180，1、2，陶塑。

第 257 页，图 105a，鬲－鼎。

第 259 页，图 107a，斝（Kia）。

第 260 页，图 108a，甗。

第 264 页，图 112a，猪牙饰。

第 265 页，图 114a，玦（Küeh ring）。

第 266 页，图 115，石环。

以上标本，有的将在下文中继续提及，有的则没有。

────────────

第二节　遗物描述

（一）　陶容器

1. 鬲（Li－Tripods）

图版 86，2（K. 6158）。一件复原的标本，仅两足和领略有残损。高 240 毫米，口径 122 毫米。灰陶，领不规则。器表布满绳纹，足身纵向施纹，三足之间横向施纹。耳内侧光滑，外侧饰有绳纹（Mat－Impressions）。

图版 86，1（K. 5521）。这件修复前的鬲，曾见于《中华远古之文化》图版 7。器表浅褐色，内壁呈黑色。领厚 5－9 毫米，足厚 4－7 毫米。

足和器表通饰绳纹，仅局部被抹去。弧领。器表整体为灰色，一些部位偏褐色。

口径 137 毫米，通高 263 毫米，领高 47 毫米，耳长 106 毫米，耳宽 32－40毫米。

图版 86，3（K. 6157）。器身和耳完整，领和足略残，但已修复。高 240 毫米，口径 139 毫米。

足、器体和耳均饰绳纹，内壁无纹饰。领圆滑，旋痕隐约可见。

耳与口缘交接处微微凸起，顶部有三道沟纹，底部有两个凹坑。

图版 87，1（K. 5901：28）。由残片拼接修复而成的鬲。

口径 138 毫米，矮领，领高 37 毫米。器壁厚 6－8 毫米。

足和器体通饰绳纹，领较平滑。

耳上饰有宽大的斜凹槽。

足健硕。

图版 87，2（K.5953）。小鬲，其中一足残损，但已修复。

高 142 毫米，口径 91 毫米，领高 29 毫米。

器身和足通饰绳纹，内壁无纹饰。

领外壁有明显的凹槽，光滑，旋纹清晰，细小而规则。

耳窄而厚，斜凹槽的装饰与图版 87，1 相似。

图版 87，3（K.5971）。两足已被修复。曾见于《中华远古之文化》图版 7，6。

通高 164 毫米，领高 43 毫米，口径 96 - 99 毫米，耳长 75 毫米，耳宽 35 毫米。器表深灰褐色。足厚度不均，约 3 - 7 毫米。足和器身通饰绳纹。足和器身内侧也有绳纹装饰，但不如外侧明显。领、耳素面，表面粗糙且不规则。领与器身交接处有明显折棱。

器表颜色不一，深灰色和黑色间杂。

图版 88，2（K.6614）。鬲的残片。通体饰绳纹。领圆滑，有细密旋痕。耳上有两道由指印形成的斜面宽槽。耳的顶部有一条垂直深缝。

器表黑灰色，壁厚 3 - 5 毫米。

图版 88，3（K.6613）。鬲的残片，残存耳和三足，其中一足基本完整。

器表黑灰色，夹杂砂粒。壁厚 3 - 4 毫米，领高 32 毫米，耳长 75 毫米。

倾斜的指印横贯耳的外侧，一道深沟穿过这些指印，切割出一个不规则的十字，覆盖手柄的上半部。

图版 89，1（K.6611）。鬲的残片，仅剩耳及其连接部位。

耳的横截面呈圆形，顶部靠近边缘处有一个凸起的圆纽。

器表灰色，夹杂大量石英颗粒。壁厚 5 毫米。

图版 89，4（K.6612）。鬲的残片，仅剩耳及其连接部位。耳高大，扁平，顶部和底部各有一个凸起的圆纽。

图版 89，5（K.3005：5）。鬲的残片，仅剩一足。较为特别的是，足饰菱形篮子状图案（Lozenge - Shaped Basket - Pattern，译者注：图上实为菱形方格纹）。

图版 94，1a 和 1b（K.6615）。鬲的残片，仅剩两足之间的裆部和其中一足的下半部。假设这个鬲的形制与 K.6158（图版 86，2）大致相同，它的尺寸却有较大差距，K.6615 足下部的直径是 170 - 180 毫米，而 K.6158 相同部位的直径却只有 80 毫米。据此推测，这件鬲的高度约有 500 毫米。

2. 鬲－鼎（Li－Ting Tripods）

图版 87，4（K. 5901：23）。标本基本完整。

这种三足器是介于鬲和鼎之间的一种过渡器型。它与鬲有着相同的空足。足的形制与鬲足也大体一致。

但是，与鬲的三足紧密连为一体不同，鬲－鼎的三足是分开的。这些鬲－鼎的器身呈压缩的球状。远观鬲－鼎，其足之特征与鼎足十分接近。器身的上部有一个项圈，特别高，几乎和器身一样高。

器身中部有一条泥带（译者注：图上实为附加堆纹），上面见有指印痕迹。

器表光滑，见有轮制旋痕。

器表素面，但隐约可见被抹去的篮纹（Basket Pattern）。

器内壁靠近领的部位覆盖一层厚厚的白色钙质物，显示这个容器是用来煮食的。高 171 毫米，口径 155 毫米。

图版 87，5（K. 5901：10）。这件标本似被压缩，腹中部微折。足的间距较大。领较高大，整体呈喇叭状。器内壁有灰白色钙化物。器表局部偏红色。壁厚 5－10 厘米。

图版 87，6（K. 5901：30）。这件标本与图版 87，4 非常相似，唯领较低，腹中部无泥带（译者注：图上实为附加堆纹）。内壁有很厚的水垢。

器表颜色不一，黑褐色和红色间杂。

高 143 毫米，口径 152 毫米。

图版 87，7（K. 5901：38）。除足略残外，余部基本完好，它在修复时，参考了图版 87，5 的形制。领和腹均较低。器内壁附着钙化物，外壁基本为黑色。高 140 毫米，腹径 173 毫米，口径 153 毫米。

图版 87，8a 和 8b（K. 6616）。鬲－鼎的残片。特点是，腹中部弯曲，上有很深的垂直竖切划纹装饰。内壁厚厚的白色钙化物部分脱落，露出精心磨平的黑色胎体。器表棕灰色，夹杂大量石英颗粒。壁厚 4－6 毫米。

寻找与这些鬲－鼎相似的青铜器时，高本汉教授告诉我，H. R. H 皇太子殿下的收藏中，就有一件青铜鼎（照片档案中的 F6564），它的足是空心的，下面较尖，很像这件标本。

图版 98，1（K. 6619）是一件尚未修复的标本，形制与 K. 6617（《中国史前史研究》图版 178，1）相似。其口沿残缺，难以修复。它有一个新的特点，那就是有两组水平刻线（译者注：即凹弦纹）绕过器身，与器耳平齐。器表布满绳纹，但其纹饰较 K. 6617 更为纤细。

器表呈褐色，内、外壁有黑色（烟炱）痕迹。

图版 88，1a 和 1b（K. 6620）是一件特别大的残片，形制与 K. 6617、K. 6619 相似。从足底尺寸来看，这件器物肯定有至少 400 毫米高。器内侧有线形印痕。

（K. 6617）可以帮助我们获悉这件残片所属的部位。依据这一判断可知，这件器物的足略外撇，与 K. 6617 和 K. 6619 的形制大致相同。

腿部的下部有连续泥带（译者注：图上实为附加堆纹）。

器身和足布满比 K. 6617 更为粗糙的绳纹。

图版 94，2（K. 6618）。这件标本很难看出其所属的部位。

器表呈棕色，夹杂丰富的石英和其他矿物颗粒。壁厚 7 – 8 毫米。

这件残片上有一个区域，上面的绳纹已被磨平，表明这里有一道环绕器身的条带。如果这个解释是正确的，那么在这个区域的上方，应有一部分是圆柱形的。

前述区域的下方，有一个块状的凸耳，底部光滑，上侧有三个深槽。从形状上判断，下部一定是鼎腿的底座。令人疑惑的是，这样的耳竟然连接到了一足，但也确实如此。

这件残片太小，以至于无法确认其形状，但从个别部位的特征来看，其与图版 90，2 有些相似。它有一个重要特点，就是领部饰有绳纹，这与其他鬲 – 鼎不同。

这件标本在鬲类器的最后已经被提及了。

3. 矮三足器（Low – Legged Tripods）

这里有三件矮三实足器残片，器身可能为碗形。

图版 89，6a 和 6b（K. 6633）是这些容器的底部，下附三足。

质地粗糙，夹杂砂粒。壁厚 5 – 6 毫米。器内壁和外壁均较粗糙，呈黑色。

图版 89，2（K. 6634）。另一件器物的底部。三足呈放射状，而非同心，与 K. 6633 相似。底部光滑，可能是长期使用所致。器表饰有粗糙绳纹。内壁十分粗糙。

质地粗糙，夹杂矿物颗粒。壁厚 6 – 7 毫米。

图版 89，3（K. 6635）。器物残片，较前述两件残片大得多。

质地粗糙。壁厚 6 – 8 毫米。

器表饰有绳纹，近底部的绳纹可能被抹去了。内壁十分粗糙。

三足呈同心状，与 K. 6633 相似。

4. 甗（Hsien）

这两件器物在图版 90，曾见于 1923 年发表的《中华远古之文化》图版 15，1、6。现在它们已经被修复，图版 90，3 是将图版 90，1 和 2 拼合后的甗的状态。图版 90，1b 是上部容器的底部。

在此，我引用 1923 年《中华远古之文化》中关于这两件器物的描述：

河
南
史
前
遗
址

图版90，1（K.5901：36）。器表棕灰色，壁厚5－6毫米。底部有孔，排列密集，孔径7－8毫米。底部侧面有孔一排，如图所示。器身下部三分之二处布满垂直的篮纹，上部三分之一处被抹去，表面和座部光滑，有细密的同心纹，表明是轮制旋纹。有一耳（可能原来有两个），整体呈椭圆形，竖切面为三角形，上部有两个深凹槽，下部很光滑。高295毫米，口径208毫米。

起初，我把这种有孔的容器理解为一种为了过滤某种液体而制作的澄滤器。但当我对这个标本进行观察后，我的思路发生了变化。底部和近底的侧壁部位，孔洞延伸的范围内，覆盖着一层石灰的碳酸盐壳，这种碳酸盐壳主要见于长期进行水的沸腾和蒸发的容器中。这让我意识到，这个容器可能是用来蒸煮食物的，在这个过程中，它被放置在某个蒸汽提升的容器上。我们甚至有可能在图版90，2中，参照鬲类器找到后一种器物的标本。需要特别注意的是，这种鬲的不同之处在于，内侧有一个与领底相连的横环。这个环显然是为了支撑立在鬲上的器物而存在的，这就表明，澄滤器下方的器物，就是图版90，1a所示的那样。

我充分意识到，这个假设似乎很不确定，尤其是鬲看起来不太稳定，有些脆弱，无法支撑如此高大沉重的容器。但有趣的是，1922年春，我有机会向居住在天津（Tientsin）的著名学者华石斧（Hua Shih Fu）先生展示了我的一些藏品。他告诉我，确实有这样的组合器，是用来蒸煮食物的，其名为甗，而且这个字的古体形式显示了一个高高的器物站在鬲上。

也许有人质疑，这种组合器是不是与早期青铜器有所关联，如《匋斋吉金续录》（Tao Chai Chi Chin Hsü Lu）第一卷，第1、2、4页。

这些图中，一个近乎圆柱形的罐立在鬲上。如果将来有更详细的研究证明，我们这里有仰韶文化的陶器与古文字和早期青铜器之间相似的新实例，那么，上述文化与中国早期历史阶段之间关系的新实例将更加引人注目，因为在这种情况下，这是一个非常复杂且引人注目的问题。

图版90，2（K.5901：34）。形制独特的鬲的残片，在我们目前的收藏品中是独一无二的。足比一般的鬲的足更加肥硕。内壁的领底有一个横环。

图3对这件器物的用途进行了展示说明。

器表布满绳纹，腰部有横纹。表面呈黑色。

《中华远古之文化》图版15，6显示了这件鬲的独特之处，即为支撑上部容器而做的环形平台。

几乎没有必要指出，这两件标本不可能被一起使用。唯一的证据是，它们是在同一地点发现的，如图版90，3所示，它们合在一起形成了适合蒸煮食物的装置，让人联想到中国早期青铜艺术中的甗。更为明显的是，它与"殷"式甗的发音特点吻合（详见罗振玉《殷墟书契前编》（Yin Ch'ü shu ch'i, ch'ien pien）5：4，1，这里也赞同鬲足是瘦高的形态）。

5. 鼎（Ting – Tripods）

从我们收集到的许多孤立的足来看，这种类型的器物非常多。只有一件标本被复原。

图版 91，1（K. 5901：9）。这件得以修复的器物是被精心发掘的，它由三条完整的实心足和大量小而脆的残片组成，经过艰苦的工作，被我们修复成完整器。高233 毫米。宽折沿，沿径 283 毫米，沿宽 43 毫米，口径 206 毫米。

器身中下部有一圈叠加的泥带（译者注：图上实为附加堆纹），上面有指印痕迹。泥带上部为圆柱体，下部为半球体。器表布满篮纹（除了上述部位），从器底开始，呈放射状分布。沿宽 43 毫米。口沿内外侧均较光滑，上有旋纹。

足内侧微圆，外侧平坦，中间凸起的带子上饰有指印。

器内壁近乎黑色，外壁棕灰色，足浅砖红色。

图版 92，1（K. 6706）。鼎足标本，与图版 91，1 的足相似。但它中间部位的指印痕迹要宽于图版 92，1。

图版 92，2（K. 6680）。鼎足标本，与图版 91，1 的足相似。但它中间部位的指印痕迹是斜的，另外足上部的圆形痕迹可能也是用指尖压出的。

图版 92，3a 和 3b（K. 6625）。这件也像图版 91，1 的足，但更细，并且上面的深指印是斜的，就像图版 92，2 一样。

图版 92，4a 和 4b（K. 6624）。足的形制与前述一样，但其中脊较凸，有三排印记，一排在脊上，两排在腿角（中脊两侧）。这些印记并不是用指尖做的，而是用一些角质（或木质？）仪器做的。

图版 93，7a 和 7b（K. 6626）。这件标本与前面的足的形态相似，但外面很光滑，底部有一条深沟。

图版 92，5a（外侧）和 5b（内侧）（K. 6623）。这件标本整体呈三角形，横截面呈圆角三角形。内部（b）有一个空腔，贯穿了半个足。因而，这件标本应属鬲 – 鼎；但若从外面看，它与真正的鼎又很相似，如图版 92，6。陶质粗糙，夹杂矿物颗粒，内含一块长 9 毫米的褐色卵石。器表颜色呈砖红色。

图版 92，7a（外侧）和 7b（内侧）（K. 6622）。包括鼎足及器身的一小部分。

整体轮廓呈三角形，足尖较尖。横截面呈扁平化的长方形。

陶质不是很粗糙，但含有小颗粒的石英。壁厚 6 毫米，颜色不一，灰色和砖红色间杂。

图版 92，6a（外侧）和 6b（内侧）（K. 6621）。包括鼎足及器身的一小部分。

足外轮廓圆而尖，截面内平，外高而圆。

壁厚 8 - 10 毫米，器表呈灰色，间杂砖红色。

图版 93，3a（外侧）和 3b（内侧）（K.6630）。包括纤细的丁字足及器身的一部分。

足的横断面呈圆形。足顶直径 30 毫米，下部逐渐缩小到只有 15 毫米。

壁厚 5 - 7 毫米。夹杂石英砂。器表近褐色，表面附着一层绿黄色杂质。

图版 93，1a（外侧）和 1b（内侧）（K.6632）。包括鼎足及器身的一小部分。

形制与图版 93，3 相似，但顶部较平。壁厚 5 - 6 毫米，内夹杂大量石英砂颗粒。

器内侧为黑色，外侧灰色。

图版 93，5a（外侧）和 5b（内侧）（K.6631）。

从浅浅的、颇为明显的空腔来判断，这件标本应是鬲 - 鼎的足。

整体圆锥形，足尖较尖。

图版 93，2a（外侧）和 2b（内侧）（K.6629）。

鼎足。截面椭圆形。这件标本颇似图版 92，2，但我们发现其中间不是凸起的脊，而是一个凹陷的沟，可能是借助于一个有棱角的木制工具制作的。

图版 93，4（K.6627）。鼎足的下半部与图版 93，1 相似，不仅扁平，而且更宽。

图版 93，6（K.6628）。这件鼎足与图版 93，4 相似，但足底较之略窄。

6. 大尖底容器（Large Vessel with Pointed Bottom）

图版 93，8（K.6664）a（外侧），b（内侧）。河阴曾发现有一件修复成型的器物，它有很高的细长的尖底。这件标本的特征（形制、外表、颜色和纹饰）与河阴的那件器物一模一样（详见《中国史前史研究》第 230 - 231 页，图版 166，2 的描述）。

7. 碗（Bowls）

图版 95，1（K.5901：21）。已修复，近直壁，边缘微微加厚、变平。

高 48 毫米。口径 192 毫米，底径 85 毫米。

图版 95，2（K.5901：20）。已修复，边缘（唇）微微凸起。

高 55 毫米，口径 142 毫米，底径 68 毫米。

器表色泽不一，灰褐色和黑色间杂。

胎内夹杂大量籽粒，值得深入研究。

图版 95，6（K.5901：15）。已修复，器表较为粗糙，胎体不规则。高 60 毫米，口径 127 毫米。

器表饰篮纹。陶色为灰色，夹杂黄色斑点。

图版 95，3（K.5901：13）。已修复（约占容器的一半），高圈足碗。这是这里描述的第一件被命名为黑陶的标本。

胎体为可塑的灰色黏土制成，内无明显的矿物颗粒物。

器体中部有三道横切的沟（译者注：图上实为凹弦纹）。纹饰下面，有一个突然的断裂（折腹）：下腹内凹，形成小平底。上腹亦内凹，直至口沿，口沿则向外舒张。

器体上部（包括沟槽之间的空隙）都经过磨光处理，表面发黑发亮。内侧也经过磨光处理，磨光程度与外壁相当。下部近底部非常粗糙，上有很深的不规则切口。

高 80 毫米，口径 100 毫米，底径 62 毫米。

图版 95，4（K.5901：14）。这件小碗跟图版 95，3 相似，但因为磨光较差，表面是灰色的，没有刻痕，器体轮廓平缓，上腹直筒形，一直到口沿处。

器内壁和外壁均有轮制痕迹。

高 75 毫米，口径 112 毫米，底径 62 毫米。

图版 96，4（K.5901：42）。由一件较为粗糙的残片修复而成。

器表棕色，陶质细腻。这件标本可以归入黑陶器，是较为粗糙的一件。胎体不规则，颜色不一，黑色和棕色间杂。

高 110 毫米，口径 210 毫米，底径 124 毫米。

图版 97，4（K.5901：24）。陶质粗疏的大碗，稍加修复。

器表隐约可见篮纹痕迹。颜色不一，砖红色和棕灰色间杂。

高 102 毫米，口径 177 毫米，底径 103 毫米。

图版 96，3（K.6663）。在轮盘上修复成型的大高碗。

敞口。器表黑灰色，稍加磨光。可将其视为黑陶器中的劣质标本。

高 140 毫米，口径 218 毫米。

图版 96，1（K.5901：17）。大而厚重的碗或盆，矮圈足。器表红灰色，经过磨光。口沿下 18 毫米处有两条平行的凹弦纹。腹中部亦有相似的纹饰。

器内壁砖红色，较为粗糙，胎体凹凸不平。

口径 275 毫米。

图版 102，1（K.5901：19）。小碗，附一耳。

手制而成，极不规整。外壁呈黑色，磨光程度较差。

高 70 毫米，口径 110 毫米。

图版 97，1（K.3005：3）。大高盆的口部残片，敛口。器表饰有绳纹，但最上方的区域，宽 30 毫米，很光滑，边缘也是如此，它向内弯曲，宽 30 毫米。

壁厚 5 - 6 毫米。

图版 98，3（K. 6666）是一个口沿残片，从形制上看，应属垂直壁的高盆。

器表褐色，陶质非常粗糙，包含大的矿物颗粒。壁厚 7 毫米。器外壁近乎黑色，内壁夹杂的斑点呈棕灰色。

外壁附一个水平放置的耳，下口较大，上口较小。耳的端点各有两个指印，与耳平齐的位置和耳的下方散布着深深的三角印。

口沿顶部有深刻的不规则交叉图案。

图版 99，5（K. 3005：2）是一件独特且有趣的黑陶标本。

器表为常见的浅褐色，中间有一层薄薄的灰色。器内壁是黑色的，所以外壁偏上部分也是黑色的，光滑而有光泽。下部呈灰色，饰有绳纹。

剖视图（5b）非常凸出。颈部宽大，轮廓垂直，边缘微微外扩，下半部有一条凸起的肋骨（译者注：图上实为附加堆纹）。

颈部以下明显内折，有一周凸棱，上面有斜的印痕，可能是用木棍而不是用手指做的。这条凸棱叠加在绳纹上，绳纹则延伸到附加堆纹上面一点。

再往下有一条带子，绳纹被抹去了。

8. 瓮（Urns）

图版 96，2（K. 5901：2）。圜底瓮，中间凸起，大口宽沿。这件容器很厚重。手制而成，胎体不甚规整。器内壁粗糙，外壁饰有不规则的绳纹。

口沿向外卷曲，上面有不规则的垂直切口。

器表整体呈深灰色，有的部位全为黑色。

高 185 毫米，口径 178 毫米。

图版 98，4（K. 6678）。这件瓮很像图版 96，2，但形制较其更为规整。

器表棕灰色。壁厚 4 - 6 毫米。

可能是手制而成的，但里面很光滑，有不同方向的条纹。外壁饰有绳纹，下部垂直，底不规则。

陶色近乎黑色。

图版 98，2（K. 5901：3）。曾见于《中华远古之文化》图版 16，8。口较宽大，附一薄且宽的耳。

陶胎呈灰色，夹杂石英和其他矿物颗粒。壁厚 4 - 5 毫米。

领口外敞，光滑，内、外侧均有旋纹。

器身下部可能也很光滑，器表饰有很明显的菱形篮纹（译者注：图上实为菱形方格纹）。

器表灰黑色。

图版 99，4（K. 5901：4）。与图版 98，2 相似。壁厚 2.5 – 3 毫米。陶胎棕色。器表所饰篮纹（译者注：图上实为方格纹）与图版 98，2 相似。底部外侧和侧面的基底部分被一些毛刷类工具划伤。基底部分的内侧，有明显的轮制痕迹。

器内壁近黑色，外壁灰棕色。

图版 100，6（K. 6655）。大残片（口径大约 220 毫米）。

陶胎褐色，很粗糙，有小块石英砂岩。壁厚 7 – 8 毫米。边缘较厚，横断面呈方形。

器表黑色，饰有不规则的绳纹。

图版 101，11（K. 6676）。大残片，内、外壁均为黑色。

手制而成。边缘简单，不厚。外壁饰有绳纹，边缘部位的纹饰几乎被抹去。

器表呈褐色。壁厚 6 毫米。

图版 101，10（K. 11232：2）。大残片，与图版 101，11 相似。器表叠加一条宽 3 毫米的泥带，上饰绳纹，其它部位亦为绳纹。

图版 100，5（K. 6656）。两块非常大的手工制作的残片。陶胎呈灰色，夹杂小块石英砂岩。

手制而成，内壁很粗糙，不规则。外壁饰有被割断的绳纹。器表有五条宽阔的泥带，有不规则但很明显的绳纹。口微微外敞。外壁有狭长的斜指印。

器表浅灰色。

图版 100，4（K. 6662）。手制而成的小瓮的残片。陶胎呈灰色，夹杂石英颗粒。外壁有细密的绳纹。口部微微外敞。口沿之下有一条叠加的泥带，其下有一耳。耳下还有一条泥带。

器内、外壁均为浅灰色。

图版 104，2（K. 5901：40）。大型器。高 346 毫米，口径 252 毫米，底径 155 毫米。

器表饰有菱形方格纹。口微微外敞。

通体淡褐色。

图版 100，1（K. 6611）。大瓮残片，形制与图版 104，2 相似，但器表装饰的纹饰为斜向篮纹。

壁厚 4.5 毫米。口沿以下为丛生状突起（译者注：图上为横篮纹），有一垂直缺口。

器内壁光滑。口微微外敞。器表浅灰色。

图版 100，2（K. 6677）。大瓮残片，形制与图版 104，2 相似，但其外壁饰有规则的篮纹，布满整个残片。

图版 107，4（K.3005：1）。近半个碗的上半部。

陶胎呈褐色，壁厚 4 – 5 毫米。

器表布满了垂直的篮纹。上部高于耳的部分是光滑的。大竖耳，其顶部有四条大的竖条纹，切入胎体。口沿微微外敞。

内壁不甚平整。整个器物都是手制而成。

图版 97，3（K.5901：11）。小瓮，已复原。高 123 毫米，口径 140 毫米。器表淡红色。

器表布满篮纹。口微外敞。

图版 97，2（K.6241）。已修复的小瓮，高竖领，两窄耳，横截面为圆形。

器表饰有绳纹。

棕灰色。

图版 90，1（K.5901：36）。这就是我们在"甗"的标题下所描述的器物，它可能是这种复合器的上半部分。底部有许多孔（见图版 90，1b），底部和侧壁的穿孔部分覆盖着一层白色的钙化物（见图版 90，1a 和 1b）。正是因为有了穿孔和钙化物涂层，我才提出这个器物的（蒸煮食物）用途，而它的形制表明其是一件真正的瓮，我在《中华远古之文化》图版 15，1 中已经发表，并且我已在"甗"一节中引用过关于它的表述（第 60 – 61 页）。在此提及这件瓮，是因为它可以为下面这件易碎但非常有趣的器物提供线索。

图版 103，2（K.5958）。这件器物在《中华远古之文化》（图版 16，1）中也被报道过。后来又发现了几块碎片，现在的照片是从另一个侧面拍摄的。

陶胎浅灰色。易碎，壁厚仅 2 – 4 毫米。这件标本由大量残片组成，底残缺。然而，我们在同一地点发现了几个同样薄壁的底，器型和表面花纹都一样，从这些判断来看，该器可能是平底，侧壁近底部较为光滑。器表布满了垂直的篮纹，腹中部以下有四道水平刻线，腹中部以上至领之间的部分还有六道。这些刻线的最上端和领子之间是一条光滑的带子，上面的篮纹已被完全抹去。这条光滑的带子上有三道刻线。领较光滑，上有轮制旋痕。器内壁不规则，有凹陷。很明显，这件器物是手制而成的（内壁有篮筐？），只有领和最上层的光滑部位是轮修而成的。

腹径 270 毫米，口径 172 毫米，通高约 360 毫米。

图版 103，2 与图版 90，1 之间的本质区别是，图版 103，2 无法看出是否有耳。也没有办法获悉它的底部是否有图版 90，1 一样的穿孔。

标本 K.6319 是不招寨器物中的个头最大的一个。我曾在《中华远古之文化》第 65 – 66 页和图版 17，1 中对它进行过详实的表述。

图版 103，1（K.5901：29）。这件器物与标本 K.6319 可能有些相似性，因为

在两件瓮的领下都有宽阔平滑的区域。但是，标本 K. 6319 的领较宽，而图版 103，1 则是窄领。

图版 103，1 胎体厚重，棕色，壁厚 4 – 7 毫米。残高 280 毫米。器表饰有斜篮纹。最大径（肩）253 毫米，腹径 220 毫米。

在 280 毫米处，肩部以上有一个急剧的弯曲，从这里到领下部，表面是光滑的。

图版 107，2（K. 6667）是一件大瓮的残片，形制与图版 103，2 近同，但其有一个宽大的耳。这件器物的篮纹呈倾斜状。

胎体棕褐色，壁厚 4 – 5 毫米。

图版 100，3（K. 6658）是近半的器物上部，与图版 103，2 不一样，器身上部的光滑带要宽阔得多，一直延伸到腹中部。这条光滑带的相当高处（肩部）有三条刻线，布局与图版 103，2 相似。

口沿宽 27 毫米。器表几乎不见轮痕，腹中部及以下有近乎垂直的篮纹。

陶胎棕灰色，壁厚 3 – 4 毫米。

图版 107，1（K. 6659）是像图版 103，2 那样的大瓮的边角残片，形制异常宽大。

领高 50 毫米，竖立，有圆润的加厚的边缘和细小的规则的轮痕。领旁有一个近乎水平的区域，光滑，有很细的轮痕条纹。这个区域下面饰有篮纹。

陶胎棕灰色，壁厚仅 2 – 4 毫米。

图版 105，1（K. 6660）。瓮的上半部的大残片，形制与前述标本一致，但其领微微凸起，外撇。器体和领均光滑而洁净。领下有四条刻线。领内壁有微弱的轮旋痕迹。胎体不规则，显然是手制而成。

胎体棕色，壁厚 3 – 5 毫米。这是一类黑陶器，外壁黑的发亮，内壁暗淡。

图版 105，3（K. 3005：4）。小瓮的上部。壁厚 2 – 3 毫米。球状。领近圆柱形，整个器物有非常明显的轮旋痕迹。

器表黑灰色。

图版 105，2（K. 6673）是一件漂亮的黑陶残片。陶胎呈棕色，壁厚 3 – 4 毫米。整个器物有非常明显的轮旋痕迹。器外壁上有两道刻线，系在烧制之前刻上。

9. 小蛋壳瓮（Small Egg – Shell Urns）

在不招寨，有一类精致的小蛋壳容器，曾见于《中国史前史研究》图版 35，2。

图版 95，5（K. 6647）是一件小型薄壁容器（壁厚 1.5 – 2 毫米）。陶胎呈灰色，胎质细腻，应为轮制而成。

器体较矮，壁内凹。上部有一个很宽的颈，但只保存了少量残片。

从残片判断，腹中部应有三个宽大的把手，上部应在颈的边缘处。

器表不太平滑，但有明显的同心轮痕。最大径 102 毫米。

10. 高足残片（High – Footed Pieces）

我们现在要说的，是一些放在或多或少的高空心底上的盘或平盆的标本。它们都属于黑陶类，只有图版 106，3 例外，它属于灰陶。

图版 106，3（K. 6650）。这是一个完整的高足，上面叠加了一个盘或碗，但只保留了一小部分底部残片。

陶胎细腻，灰色，夹杂棕色。底部内外都有轮制产生的同心纹。叠加于上部的盘子好像是手制而成的。

足径 102 毫米，足高 52 毫米。

图版 106，2（K. 6645）。形制与图版 106，3 相似，但块头更大，胎体更粗糙。

胎体深褐色。这件手制而成的粗制容器，在足与盆的交界处，用黑色光滑物覆盖，非常厚实。

足径 128 毫米，足高 105 毫米。

图版 106，4a（上部）4b（下部）（K. 6646）。

高足的低矮型。从目前状态来看，底座本身是零碎的，经过二次磨平，但高度的减少只能达到几毫米。

叠碗的底部有相当一部分被保存下来（4 a）。

细腻的陶胎呈现出褐色。足内外侧及碗底均黑的发亮。碗的内壁颇为粗糙，没有黑的发亮，显示出器物的棕色。

图版 105，5a（上部）5b（下部）（K. 6670）是一个立在高足基座上的残片。

器型精致，胎体棕褐色，通体磨光，表面呈灰黑色，较为细腻。

从上面观察，基座约有 23 毫米高。基座垂直，以一个相当陡峭的坡度上升到底部，它的高度是 22 毫米，器底水平，外部稍微向下弯曲。

从下面观察，标本表现为双壁，器底和外壁组成高足的最上部。

有一个奇怪的地方值得深入研究，那就是，在残片的上、下部都有细密的网状花纹。可能是指印的集合体，但有一些特征表明它是某种精美的纺织品。

器体直径约 155 毫米。

图版 106，1a（上部），1b（下部）（K. 6672）。

这是一个较大的盘子，但除了尺寸，其余特征与上一个较为相似。

器物较为精致，胎体灰褐色，夹杂黑点。器表磨光，呈黑色，有细腻光泽。

底部的同心线表明是轮制而成，但上部为手制。

从下面观察，呈现出双壁，器底有高足基座。

底部正中为水平。边缘较图版 105，5 更为平缓。器体通宽 19 毫米，边缘向内、外均有凸出。

11. 特殊容器（Enigmatic Vessels）

图版 104，1（K. 5926）。就目前的形制而言，这个标本是修复完好的器物。最初发现的时候，它不过是些琐碎的残片。但幸运的是，如图版 104，1 所示，它从底部到顶部都被修复了起来。中间的大圆孔是很真实的。图中还显示了另外两个孔的凸出轮廓，它们的绝大多数都是修复出来的。然而，有细长的条带一直延伸到洞口，而这个孔的周长只保留了一小部分。两孔之间的距离是器物周长的四分之一，据此推测腹中部有四个大圆孔。事实上，第三孔和第四孔的大部分也被保存下来，但这些碎片却不能直接与主要的部分相吻合。

我们还没有见到该器物的实际底部，我们不知道是否有一个底部，也不知道该器物是否有可能在下面打开。但无论如何，该器物似乎不可能比图中所示的深度深得多。

容器顶部的特征尚未可知。如图所示，顶部并不宽阔。四块碎片伸向剩余的开口，上缘距器物轴线不超过 45 毫米。

边缘上面没有明显的弯曲，所以我们不能确定其顶部是一个敞开的口子，还是一个圆顶形的封闭轮廓。

这件器物的残高为 388 毫米，最大径 305 毫米。

底部壁厚 9 毫米，顶部厚 6 毫米。

这件器物手工制作而成。内壁粗糙且不规则。外壁有陈旧的绳纹，六条宽阔的横向的泥带也是如此。

对于这件器物的用途，我们知道的太少，无法发表任何意见。它是一个奇特的瓮呢，还是一种熏制某种食物的装置呢？

图版 94，3（K. 6642）。这是一件平底盆的残片，其下有圈足。

这种圈足的独特之处在于，它的下方向内翻转，形成一个 20 毫米宽的平环，整个器体就放在上面。

靠近底部的地方，侧壁有两个圆孔，宽 30－35 毫米。残孔在板上有字母 "h" 标记。这两个洞是出于什么目的制作的，很难说。

胎体棕褐色。壁厚 6 毫米。器表布满了菱形篮纹（译者注：图上实为菱形方格纹），底部的这种纹饰也非常明显。

底径 200 毫米。

图版 102，3a，b，c（K. 6713）。已修复，形制与图版 94，3 相似。

只有盆身可以修复，如图版 102，3a 所示，它让人联想到一个边沿略微隆起、底部近乎平坦的大花盆。侧面上部是一个水平放置的凸耳，上面有三个深深的凹槽，周围有指印。

除盆缘下有一条宽30毫米的光滑带外，其余部位布满了近乎垂直的线状篮纹。

除可用于修复的残片外，还有四片无法拼接，但从其颜色、壁厚和线状篮纹来看，肯定是这件器物的基座部分。其中一个残片即图版102，3b。另一个残片3c证实基座至少高112毫米。基座残片的外部呈现出与盆体相同的线状篮纹图案。

图版94，3和图版102，3有一些区别，后者没有较低的基座。然而，这个基座上有一个独特的特征，如图版102，3b所示，有一个垂直的轮廓，证明有开口一直延伸到底部，并进入中空的足。

口径240毫米，高165毫米。

图版102，2a和2b（K.5901∶25）。有外凸边缘的半球形盆。

胎体棕灰色，壁厚6-8毫米。

除口沿外，器表其它部位饰有深且明显的绳纹。内部由于某种不规则的旋转作用而变得光滑。

上腹部有一个水平放置的耳，上有四个垂直凹槽。由于这件盆只有一半残存，我们不能确定另一侧是否有相应的耳。

这件器物的独特特征体现在图版102，2b的两个"h"上。这些轮廓表明容器底部存在两个（或四个）大孔。

12. 杂项小陶器（Sundry Small Ceramic Objects）

图版107，3（K.6639）。可能是一件大瓮的残片。

胎体棕褐色。壁厚5-6毫米。器表饰有篮纹。

残片上的主要特征是三个不同寻常的深深的指印，挤压陶胎，在上面形成三个圆环。

图版105，4（K.6668）是一件大盆的边缘残片。

胎体棕色，壁厚6毫米。

敞口。器表磨光，较为光滑，上刻两道同心圆线（译者注：图上实为凹弦纹）。线的下方有水平的椭圆形戳印，可能有双行。

图版101，8（K.6689）。小而粗糙的残片，上面布满纽扣状的重叠凸点。

图版101，5（K.6637）。小瓮，宽而低。腹径68毫米，高42毫米。胎体深灰色，制作的非常粗糙。

图版101，3和4（K.6640和K.6641）。两件高而细的小瓮。

图版101，3。高64毫米，宽47毫米。

图版101，4。高64毫米，宽44毫米。

胎体棕灰色，制作较为粗糙。两件器物的颈部，各有两个相对的小孔。

我们在这两件器物上发现了一个有趣的地方，仰韶村发现 15 个完全相似的小瓮，在某些情况下它们可能与某种信仰有关。

图版 101，1 和 2（K. 6693 和 K. 6675）。两件小型的高足残片，K. 6693 胎体砖红色，K. 6675 棕黑色。均为手制而成，但 K. 6675 的足部有旋痕。K. 6693 顶部有一个小盘或碗，它只保留了最中心的位置。

K. 6675 的柄在顶部断裂，上部结构没有任何残余。柄稍宽的部分占一半以上，上有四排垂直的小孔，每排有 3 个（或 4 个？）孔。

图版 101，9（K. 6638）。一件砖红色的立体残件。底部有一个不深也不规则的洞；器体内中空，空腔约占整体的三分之一。

高 97 毫米。

图版 101，6 和 7（K. 6692 和 K. 6710）。两件圆体陶器，K. 6692 长 55 毫米，K. 6710 长 58 毫米。上面较低，圆锥形，磨光。底部是一个短的不规则的耳。

这件标本很可能是某种器物的塞子。

图版 99，1a－c（K. 6665）。一件比刚刚描述的两件大得多的陶盘（直径 104 毫米），但形制上大体相似。磨平的一面几乎是平的，塞子是断裂的，可能已经足够长，形成了一个手柄。可能是磨光用的工具。

图版 99，2a－c（K. 6652）。这是一个形状很粗糙的东西，表面光滑，有一个大洞，似乎可以装下食指。可能也是一个磨光工具。

13. 陶塑（Clay Figurines）

不招寨发现的两件有趣的小陶塑，均为灰褐色细软泥制成，在研究不招寨陶器的过程中较为常见。它们在《中国史前史研究》第 239 页，图版 180 中已有描述。

（二）石器、陶器、骨器等

1. 纺轮和圆石片（Spinning Whorls and Stone Disc）

图版 108，1（K. 1952：206）。大而平的纺轮，深灰色滑石（？）制成。磨光细腻，显然是长期磨损所致。孔径 9.5 毫米。这个孔切得很细，完全是圆柱形的。体厚 6.5 毫米，直径 51 毫米。

图版 108，11（K. 11230：11）。形制与图版 108，1 相似，但更大一些。体厚 11 毫米，直径 67 毫米。中心孔略呈圆锥形，一面孔径 10 毫米，另一面孔径 8.5 毫米。岩石原料为红色钙质砂岩。

图版 108，9（K. 1952：201）。用黄白色白云岩（？）切割的纺轮，表面有棕色自然涂层。由于岩石的自然劈裂，形状有些不规则。体厚 10－14 毫米，直径 57 毫米。孔呈圆锥形，直径 11－14 毫米。

图版 108，7（K. 917）。大而厚重的纺轮（？）。横断面呈平椭圆形，中心处厚16 毫米，边缘处厚 6 毫米。孔径 11 毫米，两端因锤击而扩大，在图上可以清楚地看到，这也影响了其它部位的表面形态。直径 68 毫米。

图版 108，2（K. 3002：108）。陶质纺轮。体厚 10 毫米，直径 45 毫米。孔径4.5 毫米。

图版 108，3（K. 3002：98）。陶质纺轮。胎体泛红。体厚 9 毫米，直径 38 毫米，孔径 3 毫米。

图版 108，4（K. 3002：107）。一件独特的纺轮，一面饰有圆形双排小凹凸点，并有类似双排小凹凸点形成的十字纹。体厚 12 毫米，直径 41.5 毫米，孔径 5 毫米。

图版 108，5（K. 3002：101）。纺轮，表面呈黑色。体厚 12 毫米，直径 36.5 毫米，孔径 4 毫米。

图版 108，6（K. 3002：106）。形制独特的纺轮。体厚 16 毫米，直径 37 毫米，孔径 5 毫米。图版所示的一侧，刻有一条深深的线。

图版 108，8（K. 3002：97）。浅灰色的陶质纺轮。形制独特：一面是平的，另一面是圆顶形的。因此，纺轮的外缘很薄。中心处厚 11 毫米，直径 44 毫米，孔径4.5 毫米。

图版 108，10（K. 3002：104）。陶质纺轮，胎体泛红。体厚 12 毫米，直径 34毫米。孔不规则。图版的一侧有放射状刻痕，反面是狭窄的不规则交叉线，外缘有不规则沟槽。

图版 108，12（K. 3002：110）。陶器（纺轮?），圆锥孔。直径 30 毫米，棕灰色。

图版 108，13（K. 3002：114）。硬岩制成的圆片，通体经过磨光处理。

2. 石（陶）环（Rings of stone and clay）

图版 109，1（K. 1952：241）。石环，绿色滑石制成。宽 9 毫米，厚 5 毫米，长约 51 毫米。

图版 109，2（K. 1952：242）。石环，绿色滑石制成。宽 13 毫米，厚 5 毫米，长约 76 毫米。一端有一个双锥形的孔，这一端被切得均匀光滑。另一端是一个未完成的浅孔。

图版 109，4（K. 1952：244）。石环，绿色滑石制成。宽 22 毫米，厚 7 毫米，长约 90 毫米。

图版 109，5（K. 922）。石环，黄白色大理石制成。宽 19 毫米，厚 8 毫米，长约 100 毫米。两端呈不规则的圆形，好像是长期磨损造成的。在图版中的中部"C"的下方，可以清楚地看到一个浅浅的钻孔。

图版 109，6（K.1952：240）。一块大石环的碎片，横截面呈 T 形。这块岩石的黑白两色结晶非常粗糙，由白色的斜长石与绿色的黑色角闪石混合而成。尽管材质坚硬不均匀，但石环被切割成复杂的形状，且打磨得相当完美。宽 23 毫米，长约 102 毫米。

图版 109，7（K.1952：248）。绿色致密的火山岩（？）制成的宽而薄的石环。宽 6 – 28 毫米，长约 90 毫米。

图版 109，8（K.1952：246）。石环，白色滑石制成。断面呈圆形长方形。宽 10 – 13 毫米，长约 66 毫米。

图版 109，14（K.1952：247）。残石环，大理石制成。宽 7 – 20 毫米。外凸内平。

图版 109，3（K.1952：245）。残陶环。表面磨光，呈黑色，具有优质黑陶的特征。宽 7 – 15 毫米，长约 80 毫米。

图版 109，9（K.3002：74）。细长的残陶环。陶胎致密，呈浅灰色。宽 5 – 6 毫米，长约 64 毫米。

图版 109，10（K.3002：73）。细长的残陶环。胎体黄灰色。宽 6 毫米。

图版 109，11（K.3002：75a）。黑色的残陶环。

图版 109，12（K.3002：75b）。残陶环，一面被磨平。黑陶制品。

图版 109，13（K.3002：76）。狭缝的扁平陶环，这种类型的环多为石质，常见于中国早期遗址，名称为"玦"。这种类型的石环在东京（Tonkin）的史前遗址中也非常常见。宽 3 – 9 毫米，直径 24 毫米。

3. 箭镞（Arrow points）

A. 三角状，扁平箭镞

图版 110，1（K.11156）。灰色板岩。侧面有棱，长 32 毫米，宽 20 毫米。

图版 110，2（K.1952：229）。灰色板岩。侧面有棱，后端很薄，有圆角。长 40 毫米，宽 19 毫米。

图版 110，3（K.11162）。红色板岩。侧面有棱。长 34 毫米。

图版 110，4（K.11154）。红色板岩，体型较大。侧面有棱。背部方形切割。长 60 毫米，宽 23 毫米。

图版 110，6（K.3002：70）。骨箭镞。侧面有棱。背部方形切割。长 36 毫米，宽 21 毫米。

图版 110，7（K.3002：69）。野猪牙制成的箭镞。侧面有棱。背部方形切割。长 24 毫米，宽 14 毫米。

图版 110，5（K.3002：35）。板岩。侧面有棱，也是野猪牙制成的。长 37 毫

米，宽 16 毫米。

图版 110，16（K. 1952：232）。非常大，略残。黑色板岩。侧面有棱。长 60 毫米。

B. 三角状，有铤的菱形箭镞

图版 110，8（K. 11181）。骨箭镞。缺少尖头和铤（tang）的尾部。

图版 110，9（K. 3002：18）。绿色滑石。圆锥铤，（尾部）收缩成呈尖锥。

图版 110，10（K. 3002：14）。深灰色片状岩石。

图版 110，11（K. 11168）。黑色板岩。铤由宽大的圆柱形基部和较窄的尖锥组成。长 64 毫米，宽 20 毫米。

图版 110，12（K. 3002：21）。短的，宽的，灰色片状岩石。

图版 110，15（K. 3002：27）。细的，灰色滑石片岩。

图版 111，3（K. 11177）。骨制箭镞，圆柱铤已残。

图版 111，13（K. 11189）。骨制箭镞，圆柱铤较粗壮。

C. 圆或椭圆形截面的箭镞

图版 111，1（K. 3001：7）。骨制箭镞。圆柱形，打磨得很好，尖部钝圆。铤很粗糙且不规则。

图版 111，8（K. 11186）。骨制箭镞，圆柱形，背面中空。

图版 111，9（K. 3007：6）。骨制箭镞，截面椭圆形，铤为长圆锥形。

D. 三角形截面的箭镞

图版 110，13（K. 11175）。黑色板岩。三个锐角切面组成的等边三角形，边缘非常平缓。铤圆锥状，锐角。

图版 110，14（K. 3002：16）。磨损严重的残箭镞，用不纯的滑石制成。

图版 111，7（K. 11208）。骨制箭镞。K. 11175 的缩小版。边缘较为圆润。铤圆锥形。长 58 毫米，宽 7 毫米。

图版 111，10（K. 3002：41）。深灰色板岩，三角状。箭镞与铤用刻线连为一体。

图版 111，11（K. 3002：24）。板岩箭镞，箭尖钝，箭镞逐渐伸入铤中。

图版 111，12（K. 3002：54）。残断的骨制箭镞，有很强的圆柱形铤。

E. 杂项骨箭镞

图版 111，2（K. 3002：57）。残箭镞，呈菱形。用途不明。

图版 111，4（K. 11164）。小骨箭镞，呈菱形，截面长方形。用途不明。

图版 111，5（K. 11179）。骨箭镞，整体扁平状，铤圆锥状。

图版 111，6（K. 3002：66）。骨箭镞，形制不规则。

F. 蚌制箭镞

图版 114，17（K. 11201）。箭镞由一块带白色、柔和彩虹色的珍珠母切割而成。横断面呈三角形，后侧平坦，壳的结构清晰，两面深凹。铤较宽，上部圆锥形。

4. 鹿角（Deer Antler Points）

在不招寨，有三件鹿角，即图版 112，1，2，3，有磨损的迹象，其中至少有一件肯定是人为的。不过应该强调的是，这三件标本的粗端都是一个古老的断茬，没有任何人为的痕迹。

图版 112，1（K. 6714：4）长 179 毫米。除断茬外，其余部位因长期磨损而变得光滑，尖部呈现出完美的磨光迹象。

图版 112，2（K. 6714：6）的尖部被打磨得十分光滑。

图版 112，3（K. 6714：5）不仅打磨精美，而且尖部形成了一个狭窄的凿形边缘。

5. 野猪牙吊饰（Boar's Tusk Pendant）

图版 112，4（K. 3004：7）是一个从野猪的犬齿上切下来的东西。它的两端各穿有一个孔。孔呈圆锥形，窄口在凸面。据此可以合理地推测，此物是作为挂件佩戴的。

6. 圆柱形骨制品（Cylindrical Bone Objects）

图版 112，7（K. 6714：3）是一件薄壁骨制品，长 27 毫米，直径 18 毫米，壁厚仅 2 毫米。

图版 113，5（K. 3003：2）是一件非常厚重的骨制品残片，长 55 毫米，最大径 30 毫米。它因长期使用而显示出美丽的光泽，但其器型难以断定。

7. 骨制工具（Broad－Edged Bone Instruments）

图版 112，6（K. 6714：2）是一件非常厚重的骨制工具，长 149 毫米，宽 12 毫米，壁厚 12 毫米。它的后端为方形切割。后侧（图中隐去）骨质自然圆润；前侧如图所示，切口平直，前端较薄，有磨损痕迹。

图版 112，5（K. 6714：1）是一个巨大的肋骨制成的器物残片。它仍然保留了肋骨的形状，只是在末端形成了一个圆形的边缘。

图版 113，8（K. 3003：8）是一件斜切边的器物残片。

图版 113，9（K. 3003：10）是一件器物残片，似乎被人全部加工过。后端非常大，厚度不小于 13 毫米。从那里开始，它的边缘渐渐变薄。

图版 113，7（K. 3003：11）是一个长方形残片，通体较薄，打磨光滑。

图版 113，6（K. 3003：9）是一件名副其实的骨凿，背面为方形切割，前端有规则的边缘。长 75 毫米，宽 35 毫米，壁厚 7 毫米。

图版 113，10（K.3003：7）是一块巨大的骨头残片，一端有刃。

图版 114，4、5、9 和 13（K.3003：15、13、12、19）均为残片，形制与图版 113，7 相似。4 和 5 经过细腻的磨光处理。9 更厚，刃部较薄。13 为一件大型工具的一小块，形制与图版 112，5 相似。

图版 114，3、6、15 和 16（K.3003：44、41、38、22）均为骨制品的残片，尾端不详。3 非常薄，类似图版 114，5。图版 114，6 非常厚重，壁厚 7 毫米。

图版 114，7（K.3004：6）。管状骨制工具。

8. 尖骨制品（Pointed Bone Instruments）

图版 113，1（K.3003：6）是一件骨锥。长 126 毫米。

图版 113，4（K.3003：1）是一件强壮的锥子，用偶蹄目（Artiodactyl）动物的腿骨制成。它在一定程度上类似于《沙锅屯洞穴遗址（Sha Kuo T'un Cave Deposit）》中的图版 9，1，但较短而粗壮。

图版 113，3（K.3003：4）是一件较宽的骨锥。

图版 113，2（K.3003：3）是一件骨锥。

图版 114，2 和 8（K.3003：21、18）是一件特殊的骨制品。它扁平，较薄，下端收缩为一点。我们的一或两个其它标本，像图版 114，3 一样，可能有相似的特征。

图版 114，1（K.3003：25）是目前发现的最长的骨制工具（198 毫米）。它没有一个真正的尖点，但在狭窄的一端是方形切割。它是圆形的，横截面为长方形，制作相当粗糙。

图版 114，10 和 11（K.3003：28、23）相似，一端是圆的，另一端是平的。它们的两端都是断的，无法确定顶端是否是尖的。

图版 114，12（K.3003：29）下端的尖可能断掉了。顶部有一个半圆形的凹槽，因某种特殊用途而被打磨的异常精致。

图版 114，14（K.3003：16）是一件短工具，轮廓呈长方形，下面有一个短尖。其余端部已断，但可能还有三个短尖。

图版 115，1（K.3003：33）是一件细长（162 毫米）的锥子，形状和光泽优美。它的颜色，从棕色到灰色半透明，是一件罕见的精美器物。

图版 115，2（K.3003：32）是一件锥子，非常像图版 115，1，但不透明且凹凸不平。

图版 115，3（K.3003：24）是一件稍短（126 毫米）的锥子，打磨精致，像图版 115，1 一样，它的一端是扁平的，另一端是圆形的。

图版 115，4（K.3003：35）是一件微微弯曲的锥子，长 122 毫米。它有一个非

常显著的特点，即一端是扁平的，另一端是圆形的。

图版115，5（K. 3003：34）是一件相当粗壮的锥子（长112毫米），其优美的形状、斑点和半透明的灰色可与图版115，1的美丽相匹敌。它的上端有一边相当扁平，但在图中看不到这个特征。

图版115，6（K. 3003：36）是一件残断的锥子，形制与图版115，1类似，表面更加精致。

图版115，7（K. 3003：30）是一件短的锥子，或者说是箭头（？），下端是瘦长的。截面为圆形。

图版115，8（K. 3003：26）是一件短锥，上端为圆形方切，下端圆尖。磨光精细。长4毫米。

图版115，9（K. 3003：40）。不规则，截面方形。两端有尖。

图版111，14（K. 3003：17）。黑色，骨锥工具。

图版115，10（K. 3003：45）。骨锥工具的残件。一个两端钝尖的粗壮器物。

图版115，11、12、13、14（K. 11188、K. 3003：43、42、23）均被切断，第二个为蚌制，其余三个为骨制。它们都有两个尖，用途不明。

图版115，15（K. 3004：5）是一件小针（长43毫米），但没针眼。

图版115，16–20（K. 3004：2、4、3、1和K. 3000：4）均为缝衣针，有的形状非常优美，光洁度和颜色都很好。

图版115，21–23（K. 3003：39、27、20）是残断的锥子，形状各异。

图版115，24、25（K. 3003：41、K. 3000：1）是两件精致且特殊的锥子。

115，24，磨光细腻，用一段中空的鸟骨制成。

115，25，较为厚重，一端扁平，一端圆柱。

9. 刀（Blade Knives）

A. 两端带缺口的刀

图版116，1（K. 1714）。用青卵石削成的薄片制成。两端有深深的凹槽。刀背由于长期磨损，有一些磨光的痕迹。

图版116，8（K. 1711）。比图版116，1大。侧面缺口不深。用闪长岩石片制成。剥落的一面部分磨光。

图版116，10（K. 1952：53）。深灰色石灰岩制成的石刀。两端有轻微凹槽。图上最上面的一侧有刃，下面有许多缺口，表明刃未完成。

图版116，11（K. 1952：63）。绿色火成岩制成。凹槽较浅。两侧有未完成的浅钻孔。

图版116，7（K. 1713）。砂岩制成。图中可见的一面，中央有宽阔的浅钻孔。

河南史前遗址

B. 没有凹槽和孔的刀

图版 116，3（K.1710）。灰色板岩。

图版 116，5（K.1952：35）。黄灰色云母砂岩。外形呈长方形。上、右、左三面均为方形切割。底面有很规则的边缘。长 55 毫米，高 36 毫米，厚 6 毫米。

C. 镰形刀

这是新石器时代刀的变体。可能这些刀的刀柄像镰刀一样。在早期历史上的安阳的遗址中很常见。我们在不招寨见到的标本都是残件。

图版 116，6（K.1952：66）。灰色砂岩制成的石刀，背部弯曲。刀的背面（上端）非常宽阔（10 毫米），从那里开始收缩，形成一个锋利且优雅的刃。

图版 116，2（K.915）。用深色片岩制成，切口较大。背部狭窄，边缘切割良好。

D. 单孔刀

图版 117，8（K.3058：1）。红色砂岩。

图版 117，2（K.11118）。红棕色砂岩。刀的形制类似于前一种，但更加细长，孔靠近边缘。长 101 毫米，高 47 毫米，厚 7 毫米。

图版 117，6（K.1952：1）。深灰色砂岩。形制与前两个相似，但不甚规则。长 90 毫米，高 51 毫米，厚 7 毫米。一端有刃。

图版 117，3（K.1721）。深色板岩切割的不规则刀片。边缘附近有孔。

图版 117，1（K.1952：2）。深红色板岩。形制不规则，一端宽于另一端。可能原来更长，中间被改造过。

图版 116，9（K.1760）。灰色板岩。孔近边缘，已残。

E. 2 或 3 孔刀

图版 117，5（K.1952：37）。深色板岩。有 3 孔，其中 1 个在断端上方。这把刀有两条刃，一条长刃在图上下端，另一条在左边最大孔旁。

图版 116，4（K.1952：36）。深色板岩。有 2 孔。长边无刃，图中短边左侧有刃。

图版 117，4（K.1952：103）。深色板岩。仅短边有弧刃。此刀原本较长，像图版 116，4 那样，但上孔已断裂，图中几乎看不到。穿过完好的下孔，在刀刃的纵轴线两侧有一条尖锐的沟。

图版 117，7（K.1952：38）。绿色滑石。两孔靠近刀背。

10. 大石斧（Big Stone Axes）

这组标本至少有 42 个，其中 15 个较为完整，代表了不同的类型，所以在这里重现了它们（图版 118 – 119）。

中间型（A 型）可以说是一种宽阔的长方形或近似于四方形截面的重型器物，如图版 118，4（K. 823）。长 156 毫米，宽 63 毫米，厚 46 毫米。粗端近方形，47 × 43 毫米。灰色闪长岩。

图版 119，7（K. 1952：113）在形制上接近于前一个。长 142 毫米，宽 59 毫米，厚 43 毫米。粗端近方形，稍不规则，50 × 40 毫米。灰色闪长岩。

图版 118，5（K. 825）。长 142 毫米，宽 55 毫米，厚 47 毫米。闪长岩。

图版 118，7（K. 829）。这件标本异常宽大。长 125 毫米，宽 65 毫米，厚 38 毫米。粗粒闪长岩。

图版 118，2（K. 831）。长 118 毫米，宽 54 毫米，厚 36 毫米。闪长岩。

图版 118，9（K. 826）。长 139 毫米，宽 57 毫米，厚 42 毫米。细粒结晶灰绿岩，有小的孔洞，边缘经过磨光处理。

图版 118，8（K. 1952：107）。长 133 毫米，宽 52 毫米，厚 41 毫米。粗粒闪长岩。一把异常美丽的斧子，拥有优雅的尖状椭圆的纵向轮廓和完美的边缘磨光。

图版 118，6（K. 838）。长 142 毫米，宽 58 毫米，厚 39 毫米。细粒闪长岩。这把斧头的特殊之处在于，在其中一个宽边的中心，有一个浅而明显的凹槽，是由制作斧头主体部分粗糙表面的同一类型的器具制成的。

图版 118，1（K. 844）。长 122 毫米，宽 63 毫米，厚 38 毫米。闪长岩。这件标本有两个中心槽，宽边各一个。

图版 119，2（K. 845）。长 119 毫米，宽 55 毫米，厚 36 毫米。粗粒闪长岩。这是一个稀有的类型，它的后半部明显偏离，更细长，这个特点可能是为了使柄更坚实。

图版 119，5（K. 846）。长 122 毫米，宽 55 毫米，厚 41 毫米。褐色斑岩，有白色斑点。这把斧子的横截面是圆形的，后半部分是锥形的，成为下一个标本的过渡型。

图版 118，3（K. 3002：3）。长 137 毫米，宽 54 毫米，厚 43 毫米。闪长岩。横截面呈宽椭圆形，后端呈圆锥形。

图版 119，1（K. 3002：2）。长 166 毫米，宽 58 毫米，厚 44 毫米。细粒闪长岩。这是五件斧中的第一个较长的类型。否则，它就像图版 118，4 一样，横截面呈矩形，后端呈方形。不仅仅是边缘，斧子的大部分都是磨光的。

图版 119，6（K. 1046）。长 172 毫米，宽 59 毫米，厚 44 毫米。粗粒闪长岩。

图版 119，3（K. 822）。长 157 毫米，宽 48 毫米，厚 42 毫米。闪长岩。

图版 119，4（K. 821）。长 205 毫米，宽 63 毫米，厚 46 毫米。灰绿岩，有斑点，是目前这个遗址发现的最长的一件石斧。

图版 118，10（K.1952：111）。长 158 毫米，宽 53 毫米，厚 40 毫米。有暗绿色斑点的灰褐色斑岩。形状向后端渐变，呈不规则的尖状。

11. 各种类型的斧（Axes of Various Types）

图版 119，8（K.849）。长 110 毫米，宽 55 毫米，厚 31 毫米。闪长岩。最大宽度横跨刃部。一端相对较薄。

图版 120，1（K.850）。长 102 毫米，宽 49 毫米，厚 28 毫米。闪长岩。最大宽度横跨刃部。

图版 120，3（K.851）。长 108 毫米，宽 58 毫米，厚 29 毫米。闪长岩。最大宽度横跨刃部。截面呈椭圆形。

图版 120，9（K.856）。长 119 毫米，宽 42 毫米，厚 33 毫米。闪长岩。最大宽度横跨后端。刃部宽 25 毫米。

图版 120，5（K.858）。长 115 毫米，宽 32 毫米，厚 30 毫米。闪长岩。截面椭圆形。

图版 120，10（K.857）。长 114 毫米，宽 32 毫米，厚 26 毫米。闪长岩。

图版 120，2（K.1952：209）。长 79 毫米，宽 25 毫米，厚 21 毫米。闪长岩。最大宽度横跨中部，一端较薄。

图版 120，4（K.855）。长 108 毫米，宽 37 毫米，厚 26 毫米。这件很不规则的斧头只是在卵石的一端稍作加工，另一端仍是不规则的尖头。

图版 120，6（K.860）。这是一件闪长岩制作的石斧的前半部分，它的独特之处在于横截面是规整的矩形。整个表面经过很好的磨光处理。

图版 121，1（K.864）。闪长岩制作的石斧的正面四分之一，磨光细腻，轮廓有棱角。

图版 120，8（K.1952：121）。一件闪长岩制作的石斧，残存部分呈半圆形。

图版 121，7（K.865）。小斧头的前端残件，刃部比斧头的其他部位更宽。

图版 120，7（K.1952：99）。一件未完成的、只是简单经过切削的标本，本打算制作成一把小斧或凿子。闪长岩。

12. 穿孔的较薄的斧（Thin, Perforated Axes）

图版 123，4（K.1952：104）。近乎完整的标本，但质量较差。青灰色，细粒岩。双锥钻孔，不够精致。

长 117 毫米，宽 64 毫米，厚 11 毫米。

图版 121，2（K.881）。一件带圆锥形孔的闪长岩制作的斧头的后半部分，一侧直径 12 毫米，最窄处不到 5 毫米。宽度是 55 毫米，厚度是 18 毫米。一个奇怪的特征是在一个侧面有一个很深的切口（图的左边）。

单面钻孔，圆锥状。

图版 121，3（K.1952：114）。一件制作精致的绿岩石斧的后半部。单面钻孔，有规律，略呈锥形。背面有一些锤击和镗削的痕迹。

图版 121，9（K.879）。另一件绿岩石斧的后半部。

图版 121，4（K.1952：140）。一件精致的斧头的前半部分，侧面呈柔和的圆形。由小石英颗粒组成的岩石，嵌入硬度不高的非钙质基质中，有黑色斑点。

图版 121，8（K.1952：126）。一件经过精心打磨的绿岩石斧的前半部分。侧面正切。

13. 独特的石"斧"（Unique Stone "Axe"）

图版 121，6（K.3002：1）。长 223 毫米，宽 110 毫米，厚 20 毫米。这件巨大的武器或工具是由一块褐色石灰岩板切割而成的。直柄部分完整，刃部断裂，末端形状不详。除手柄背面外，整个工具都被打磨得很光滑。

14. 石锄（Stone Hoes）

仰韶村有一些薄石器，很可能是在黄土中挖土用的锄头或镬头。不招寨有一些这种石锄的残件，但只有两件零碎的标本足够大，在此予以说明。

图版 122，6（K.932）。一件大残件的后半部分。宽 73 毫米，厚 19 毫米。表面磨光粗糙。褐色的石头看起来像石灰石，但不溶于氢氯酸。

图版 121，10（K.898）。宽 83 毫米，厚 12 毫米。一件非常小的锄的刃部。棕色石头。表面磨光细腻。

15. 磨石（Grinding Stone）

图版 121，5（K.918）。一件圆润好看的白砂岩，有两个光滑的垫层，中间有一个大的凹陷，是经过敲打和研磨形成的。长 114 毫米，宽 101 毫米，厚 37 毫米。

16. 杵（Pounder）

图版 122，4（K.897）是一件用闪长岩制成的用于捣碎的石器。除顶部外，余部均较粗糙，显示出一个不甚光滑的卵石面。底部有明显的敲击痕迹。长 116 毫米，宽 53 毫米。

17. 锛（Adzes）

这是一组数量众多、种类繁多、大多是残件的标本。这里介绍了 34 件完整的标本。

图版 122，1（K.852）。这件未经打磨的闪长岩标本看起来像一件绿岩石斧，但仔细检查后发现它是不对称的，而且肯定是作为锛而被制造的。其刃部是断裂的，长度不能准确地说出来；154 毫米是一个最小的数字，宽 61 毫米，厚 37 毫米。纵向剖面图显示，刃部明显不对称。

图版 122，2（K. 853）。长 129 毫米，宽 44 毫米，厚 30 毫米。闪长岩。这是一件尚未完成的斧子残件。当它被削成锛的形状时，顶部剥落了一块石片。

图版 122，7（K. 1952：152）。长 104 毫米，宽 60 毫米，厚 27 毫米。闪长岩。这是一件十分厚重的锛，但与图版 122，1 完全不同。这件以及接下来的两件标本，可能是由一柄圆度适中的斧头，在意外折断后改成短斧头而制成的。未磨光的部分显示了斧头所剩下的部分。

图版 122，5（K. 1952：154）。长 98 毫米，宽 50 毫米，厚 20 毫米。闪长岩。这实际上是一把斧头，被纵向切成两半，并被赋予了一个锛的刃部。

图版 122，3（K. 1952：153）。长 103 毫米，宽 54 毫米，厚 21 毫米。

图版 123，8（K. 1952：155）。长 88 毫米，宽 53 毫米，厚 16 毫米。绿岩。

图版 123，5（K. 1952：157）。长 63 毫米，宽 49 毫米，厚 18 毫米。闪长岩。最大厚度在尾端。

图版 123，2（K. 1952：156）。长 74 毫米，宽 50 毫米，厚 17 毫米。石英岩。

图版 123，6（K. 1044）。长 71 毫米，宽 39 毫米，厚 1 毫米。这件小锛也可能是用小破斧子磨成锛形状的。

图版 124，2（K. 801）。长 66 毫米，宽 33 毫米，厚 21 毫米。用水晶般的片岩切割制作而成。

图版 124，1（K. 547）。长 64 毫米，宽 27 毫米，厚 13 毫米。

玉，灰绿色，夹杂白色斑点。

图版 123，3（K. 1952：160）。长 77 毫米，宽 30 毫米，厚 24 毫米。坚硬的灰色致密岩石，椭圆形，可能是火山岩块。

图版 124，5（K. 1952：158）。长 61 毫米，宽 33 毫米，厚 14 毫米。

硬的，致密的，灰绿色岩石。

图版 125，5（K. 806）。长 44 毫米，宽 28 毫米，厚 11 毫米。有优美条带的黑色岩石。

图版 124，4（K. 1952：172）。长 53 毫米，宽 27 毫米，厚 11 毫米。一件在棕灰色至黄色的斑岩中切割出的精美的标本。

图版 125，3（K. 1952：171）。长 47 毫米，宽 19 毫米，厚 10 毫米。

图版 125，1（K. 1952：170）。长 61 毫米，宽 17 毫米，厚 13 毫米。

黑绿色，致密岩石。每一面都是方形切割。

图版 125，2（K. 1952：169）。长 69 毫米，宽 18 毫米，厚 18 毫米。

致密的，坚硬的，灰绿色岩石。

图版 123，7（K. 1952：101）。长 84 毫米，宽 31 毫米，厚 16 毫米。闪长岩。

图版 125，4（K.1952：176）。长 43 毫米，宽 17 毫米，厚 9 毫米。一块闪耀的黑色的水晶般的岩石。

图版 126，7（K.1952：191）。长 32 毫米，宽 16 毫米，厚 7 毫米。黑绿色板岩。

图版 126，4（K.1952：106）。长 39 毫米，宽 25 毫米，厚 10 毫米。顶部圆润，整个标本精致自然。用坚硬的白灰色岩石切割而成，脉络结构清晰。

图版 126，1（K.575）。长 45 毫米，宽 23 毫米，厚 9 毫米。

淡绿色，略带斑点的玉石。

图版 126，3（K.1952：162）。长 39 毫米，宽 30 毫米，厚 10 毫米。坚硬的致密的灰绿色岩石。

图版 126，2（K.1952：167）。长 37 毫米，宽 29 毫米，厚 8 毫米。坚硬的青黑色岩石。

图版 126，9（K.859）。长 35 毫米，宽 24 毫米，厚 10 毫米。坚硬的岩石，硅质，打磨过的地方是细腻的黑色。

图版 126，6（K.1952：168）。长 34 毫米，宽 21 毫米，厚 7 毫米。黑色的片状岩石。

图版 126，8（K.1772）。长 26 毫米，宽 24 毫米，厚 8 毫米。坚硬的致密的灰色岩石。

图版 124，3（K.804）。长 49 毫米，宽 31 毫米，厚 9 毫米。坚硬的，片状黑灰色有斑点的岩石。

图版 123，1（K.1952：97）。长 115 毫米，宽 53 毫米，厚 13 毫米。黄绿色砂岩。一种异常纤细类型的锛。

图版 126，5（K.1952：163）。长 148 毫米，宽 24 毫米，厚 12 毫米。闪长岩。尖锐直切。

第三章 河南省河阴县的遗址

第一节 遗址调查

1921年12月1日，在仰韶村遗址的调查结束后，我回到了北京，但我的助手姚某仍留在河南。在那里，他在黄河南边更东边的河阴县发现了秦王寨（Chin Wang Chai）、牛口峪（Niu K'ou Yü）和池沟寨（Chih Kou Chai）三处遗址，这三处遗址显然与仰韶村是同一类型的，虽然可能稍晚些，但收获非常丰富，特别是彩陶。这些遗址后来被我的助手白万玉（Pai Wan Yü）考察过。遗憾的是，我一直没有机会勘察这些重要的遗址，但白氏应我的要求，凭记忆绘制了一幅草图，现将其转载于此（图18）。这张草图必须有保留地使用，因为其中的距离与一些标签上的说法并不完全一致。此外，有些标签上有一个王家沟的名字，但在地图上却没有出现。就在秦王寨的东北方向，草图上标有一个无名的遗址，可能就是王家沟（Wang Chia Kou）。事实上，人们对这些遗址的了解很少，只知道它们就在黄河以南，而且它们位于黄土高原的边缘，而黄土高原又被深沟所分割。

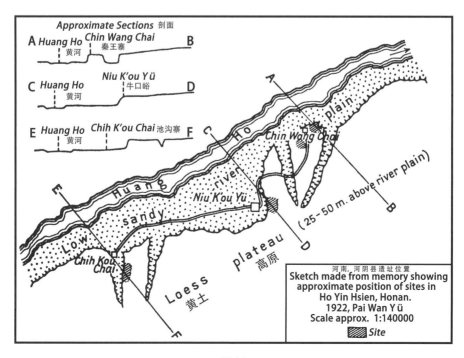

图18

丰富的鱼骨和淡水贝壳说明遗址离黄河很近。

* * *

有很多从这些遗址内获取的标本，都在以前的出版物中有所描述。

在我的第一部出版物《中华远古之文化》（《地质汇报》第 5 号，1923 年）中，涉及的标本如下：

图版 13，3，池沟寨。

图版 13，5，池沟寨。

图版 13，6，池沟寨。

图版 13，8，秦王寨。

图版 14，1，池沟寨。

图版 14，2，秦王寨。

图版 14，3，秦王寨。

图版 14，5，秦王寨。

图版 14，6，秦王寨。

阿恩（Arne）的著作《河南石器时代的彩陶（Painted Stone Age Pottery From The Province Of Honan)》（《中国古生物志》D 系列，第 I 卷，第 2 册，1925 年）：

图版 6，15。彩陶片。秦王寨。

图版 7，18 – 20、22 – 23。秦王寨。

图版 8，26 – 28、彩陶片。秦王寨。

图版 9，30、32、34 – 35，彩陶片。秦王寨。

图版 9，33，彩陶片。池沟寨。

图版 10，36 – 39、41，彩陶片。秦王寨。

图版 11，46 – 51，彩陶片。秦王寨。

图版 12，55、58 – 62，彩陶片。秦王寨。

图版 12，57，彩陶片。池沟寨。

图版 13，63 – 65、67 – 68，彩陶片。秦王寨。

在我最近的出版物《中国史前史研究》，《东方博物馆馆刊（BMFEA）》，1943 年，第 15 号，涉及河阴县的标本如下：

图版 10，2，锛（Pen）。

图版 18，3，宽穿孔斧。

图版 23，1、3、4，石锄。

图版 24，2、4、6，石锄。

图版 35，1，蛋壳陶器。

图版 164，12，石刀。

图版 164，4、5，石刀。

图版 166，2，大彩陶器的底部。

第二节　遗物描述

（一）圆石斧 （Rounded Stone Axe）

图版 127，1（K. 2062：85）。从现在的状态来判断，它可能是买来的。表面被现代的污垢遮蔽得很厉害。岩石可能是深灰褐色的。

长 97 毫米，宽 64 毫米，厚 25 毫米。

这把石斧的形制与沙锅屯洞穴《沙锅屯洞穴遗址》，图版 6，9 – 11 出土同类器相似。（本书仰韶村部分，图版 57）也有这种类型的石斧。基于以上原因，我们不能确定这类标本是否与彩陶及下文所述的其他物品一起出现。

（二）宽穿孔石斧 （Broad Perforated Axes）

图版 127，3（K. 3213）。池沟寨。

淡灰色软岩薄斧。不规则形，一面宽平，另一面微凸。中央大孔，一侧为锥状钻孔，另一侧为浅锤状钻孔。长 120 毫米，宽 83 毫米，厚 9 毫米。

图版 127，4（K. 3214）。池沟寨。

灰白色大理石。中央大孔，两侧有锥状钻孔。

图版 127，6（K. 6776：49）。池沟寨。

一端平坦，灰色石灰岩制成的穿孔斧。中央大孔为双锥状钻孔。

（三）锛 （Pen）

图版 127，2（K. 6776：48）。池沟寨。

细长，微微弯曲的深灰色岩石。

长 79 毫米，宽 31 毫米，厚 16 毫米。

图版 127，5（K. 2062：86）。秦王寨。

深色，有斑点，可能为火山岩。

长 65 毫米，宽 33 毫米，厚 13 毫米。

图版 127，7（K. 6776：47）。池沟寨。

深色，片状岩石。

长 59 毫米，宽 36 毫米，厚 13 毫米。

（四） 石灰岩制成的石锄 （Limestone Hoes）

图版 127，8（K.2438）。王家沟和（译者注：原书这里的内容缺失）

图版 127，9（K.6777：58）。秦王寨有两件标本，从其大小判断，属于锄头组。前者用黑色岩石制成，在盐酸中浸泡后不起泡，后者为淡灰色石灰岩。这件标本的刃部有些不对称（比较《中国史前史研究》图版 23 中的标本）。

（五） 箭镞 （Arrow Points）

图版 128，2（K.11170）。池沟寨。板岩制成的箭镞。截面呈规则的三角形。

图版 128，5（K.11165）。池沟寨。板岩制成的扁平箭镞。

图版 128，6（K.11153）。池沟寨。薄板岩制成的箭镞或矛头。

图版 128，1（K.6733：1）。池沟寨。骨箭镞，头部断裂。截面呈不规则圆形。

图版 128，4（K.6774：32）。池沟寨。骨箭镞残件，底部三角形，顶部圆形。

此外，还有一个骨箭镞，K.6776：46，池沟寨，铤前长 44 毫米。这部分为圆柱形带一个箭镞。

图版 128，3（K.11202）。池沟寨。蚌壳箭镞，具有明亮的珍珠母光泽。横截面呈规则的三角形。

图版 128，7（K.6776：45）。池沟寨。宽蚌壳箭镞，背部中空。

另有一个蚌壳箭镞，K.6733：2，池沟寨。较钝，相当不规则。

（六） 石球 （Stone Balls）

图版 128，9（K.6776：44）。池沟寨。半个石球，黝黑柔软，晶莹剔透。

图版 128，12（K.6776：43）。池沟寨。白色的大球，弹性岩石（砂岩？）一面扁平，有一孔深 20 毫米，直径 13 毫米。

图版 128，8（K.2062：84）。秦王寨。棕灰色软球，在盐酸（黏土？）中浸泡后不冒泡。

（七） 滑石珠 （Steatite Bead）

图版 128，10（K.6773：3）。王家沟。灰色滑石珠。双锥形钻孔。

（八） 纺轮 （Spinning Whorls）

图版 128，11（K.11230：3）。秦王寨。灰色细粒岩石制成的纺轮。圆柱形

钻孔。

图版128，13（K.2062：87）。秦王寨。红烧土制成的纺轮。圆柱形钻孔。

（九） 石刀和蚌刀 （Stone and Mussel – Shell Knives）

图版129，12（K.11117）。池沟寨。致密的石灰岩。最原始的刀，两侧有切口。刃部保存完好。

图版129，10（K.11105）。池沟寨。三角形的棕色板岩。刃部保存完好。

图版129，8（K.2437）。池沟寨。褐色板岩，长方形薄刀。

图版129，13（K.3227）。池沟寨。深灰色钙质岩长刀的一半。近背处厚8毫米。单面刃，磨得很好。有两个圆柱形大钻孔。

图版129，11（K.6776：50）。池沟寨。半个器物，轮廓似刀，但无刃。灰陶。两个双锥形钻孔紧邻。

图版129，5（K.11128）。池沟寨。略有残损的尖椭圆形蚌刀。边缘显然由贝壳的自然锐利边缘组成。靠近背部并紧贴在一起的两个小孔，呈双孔状。

图版129，6（K.6774：1）。池沟寨。蚌刀，与图版129，5形制相似，但在近背部有三个小孔。圆锥形钻孔，由壳内向外钻。

图版129，4（K.3228）。池沟寨和（译者注：原书这里的内容缺失）

图版129，3（K.3220）。池沟寨都是蚌刀，前面有三个孔，后面有两个孔。

图版129，1（K.3229）。池沟寨。是一把和前面一样的蚌刀，但其轮廓看起来更加接近长方形。

图版129，2（K.6774：2）。池沟寨。半个小标本，一端有一小孔。

图版129，9（K.6774：3）。池沟寨。珍珠母小件，形状为长方形，用途不明。

（十） 骨器 （Bone Instruments）

图版130，1（K.6776：60）。池沟寨。骨锥，稻草色，长151毫米，完整，磨光极佳。

图版130，2（K.6776：63）。池沟寨。小骨锥。

图版130，3（K.6776：59）。池沟寨。骨制品，有较宽的尖。

图版130，10（K.6776：61）。池沟寨。骨制品，上端呈圆形（?），另一端断裂，但有很多磨损，好像这件器物已被频繁使用。

图版130，6（K.6776：62）。池沟寨。一件下半部较为尖锐的骨锥。

图版130，8（K.6774：28）。池沟寨。一件下半部宽、薄、尖的骨制品。

图版130，9（K.6774：18）。池沟寨。一件较大骨制品的最下端，形制可能与

沙锅屯图版9，1相似。

图版130，7（K.6776：54-55）。池沟寨。灰色的长扁骨制品，两端断裂。

图版130，4（K.6776：57）。池沟寨。薄骨制品，可能由肋骨切割而成。两端呈方形切割。

图版130，5（K.6774：8）。池沟寨。非常薄的骨制品，一端断裂。

图版130，12（K.6776：52）。池沟寨。非常薄的骨（？）凿，一端顶部断裂。

图版130，13（K.6774：24）。池沟寨。巨大的骨凿，上端断裂，末端也有轻微破损。

图版130，11（K.6776：58）。炮骨柄部，横切。

图版130，14（K.6776：56）。池沟寨。骨珠。

（十一） 陶/石/蚌环 （Ring of Clay，Stone and Mussel Shell）

这种环在这些遗址发现较多（图版131-132）。一小部分用石头切割而成：图版131，3（K.2062：94）和图版131，13（K.2062：95）都来自秦王寨，被切割在一块红色的细粒度的弹性岩石上，我在河南其他遗址也注意到了这点。

图版132，4（K.6776：73）。池沟寨，灰色大理石制成，和图版132，7（K.6776：72）都是黑色结晶岩。

图版131和132的其它环都是陶质的。其中的四件：图版131，1-2、4-5（K.2062：96、97、90、98）都来自秦王寨，它们都是特别有趣的。它们由乳白黏土制成，可与陕西乌兰沟（Wu Lan Kou）的白陶和著名的安阳白陶相比较。

所有其他的陶环标本都是灰色的，颜色在接近黑色（图版132，10）和浅灰色之间变化。

通过横断面可以很好地了解其形状。图版131，10（K.2062：100），秦王寨的陶环有奇特的驼背形轮廓，我们从一些仰韶村的标本中得知。

图版129，7（K.6774：27），一个可能是环的碎片，以半自然的状态显示。它是用蚌壳制作的标本。

（十二） 单色陶 （Monochrome Pottery）

图版133，8（K.2062：113）。秦王寨。一件残片，可能为鬲（对比《中国史前史研究》图版107，3-4）。

陶质粗疏，灰色，壁厚4毫米。器身和足有绳纹。领平缓，特别高。

图版134，4（K.6159）。秦王寨。鼎。棕红色。手制而成，表面粗糙，无图案。高195毫米，最大径226毫米，口径192毫米。

图版 137，4 – 5（K.2201：3 – 4）。鼎足，棕红色。它有一个独特的特征，在足的顶部有一个较宽的孔。两件标本都可能来自牛口峪的一件三足器上。

图版 134，3（K.6000）。秦王寨。一件鬲 – 鼎或斝（Kia），我在《中国史前史研究》第 259 页，图版 106a 提到过。

胎质很粗糙。手制而成。领很高。腹部接近圆柱形，饰有 7 道条纹（译者注：图上实为凹弦纹）。口缘几乎和腹壁外侧比齐。底隆起。腹、底连接处有一排切口。

矮三足，上有一排垂直装饰的指印纹。

高 168 毫米，最大径 209 毫米。

两件牛口峪的残片，图版 135，3 – 4（K.2201：1 – 2），形制与图版 134，3（鼎）或图版 134，5（瓮）相似。

图版 135，4 肯定是斝（Kia tripod）的足，跟图版 134，3 很像，但腹壁没有条纹。鼎足上的附着物仍然可见。

图版 135，3 也有一个足部附件的微弱迹象，但这并非毫无疑义。

图版 134，5（K.6125）。秦王寨。这件瓮和刚才说的鼎（图版 134，3）有相似之处。它的领很低。隆起的底部扩展成锥状。但两件器物腹壁上半部的条纹是一样的（只是它的是 10 道）。两件器物腹中部的切口是一样的。这件器物是手工制作的，表面非常粗糙，但有条纹的部位除外。它的表面似乎被黑色陶衣（Dark Slip）磨平了。

高 231 毫米，最大径 269 毫米，口径 233 毫米。

图版 134，1（K.5900：14）。秦王寨。已在《中国史前史研究》图版 16，5 提到过。

这件较小的器物的大体轮廓和前一件一样。弯曲处的凹凸不平的区域仍然存在，但腹壁处不见条纹。不过，其腹壁上部（肩部）已被黑色陶衣（Dark Slip）磨平。

器体不规则，手制而成。高 182 毫米，最大径 225 毫米，口径 173 毫米。

图版 136，1（K.5900：10）。秦王寨。整体形制与前两件一致，但较小。凹凸不平的切口还在，其余部位粗糙且单调。

图版 138，1（K.5900：9）。秦王寨。这件瓮有点让人想起图版 136，5（译者注：疑为图版 136，1）的形状。不仅外形相同，低领也是双方的共同特点，而且图版 138，1 装饰的切口带与图版 136，5 的相比要粗劣的多。

图版 138，1 是手工制作的，较为粗糙，腹壁饰有垂直绳纹。高 270 毫米，最大径 255 毫米，口径 215 毫米。

图版 134，2（K.6776）。池沟寨。瓮的残片，形状与图版 138，1 相似，但没有黏土条带。

器物巧克力色，表面暗黑色，为典型的黑陶标本。

外壁有很深的明显的绳纹。内部的领和底部附近有旋痕。

图版134，6（K.2062）。秦王寨。大而粗的器物，与前述标本形制相似。器表呈巧克力色，含有大的矿物颗粒。壁厚5－7毫米。器表饰有绳纹。

图版133，6（K.2062：107）。秦王寨。一件非常大的器物的基底部分。器表巧克力色，壁厚8－10毫米。手制而成，较粗糙，腹壁有三条齿状泥带。

图版135，1（K.6773）。王家沟。碗的边缘部分，边缘向内弯曲。器表灰色。壁厚3－5毫米。手制而成。

图版135，2（K.6773：2）。王家沟。碗，与前者属同类器。器表灰色。壁厚2－5毫米。高领，近直立状。

图版133，2（K.6155）。池沟寨。高碗，很粗犷，不规则。器型粗大，呈深灰色。壁厚5－7毫米。底部内凹。腹壁有不明显的绳纹。

图版133，4（K.2062：114）。秦王寨。粗糙的残片，高碗，灰色。壁厚8－9毫米。

图版135，5（K.6776：19）。池沟寨。仰韶村、不招寨很常见的一种小碗。器表呈巧克力色至深灰色。底部破裂，有深凹痕。内壁边缘略微加厚。外壁做得很粗糙，但内壁有转动的痕迹。

图版135，8，正视图（K.2001：5）。牛口峪。碗底宽大，腹壁近乎垂直。器表砖红色，壁厚5毫米。

图版137，3（K.6776：20）。池沟寨。碗底。

图版136，4（K.5900：8）。秦王寨。高碗，底部边缘有圆齿。器表砖红色。制作不规则，但有旋痕。

图版136，5（K.6315）。秦王寨。很厚重的器物，边缘加厚。器表砖红色。制法为泥条盘筑。

高85毫米，最大径155毫米。

图版136，3（K.6316）。秦王寨。器物的基底部分，可能是像图版136，4那样的高碗，但也可能是瓮。

这件砖红色器物腹壁饰有细绳纹（Fine String Impression），与秦王寨发现的尖底大器（《中国史前史研究》图版166，2）非常吻合。这件标本是一个重要的发现，表明并非所有的这类器物都是尖底器。

在图中最左边的位置，有一个壁面增厚的地方，可能表示有一个耳的附着，这可能意味着该器物是一件瓮。

壁厚3毫米。用泥条盘筑法手制而成。

图版 136，2（K.6314）。秦王寨。一件非常厚而小的形制独特的器物。靠近口沿处有两个从外侧钻出的锥形孔（一个断裂）。

图版 135，7（K.6774：4）。池沟寨。一件微薄的小圆盘，侧面有断裂，隐于图中。它可能是像《中华远古之文化》图版 7，4 那样的盘的底部。如果是这样的话，它是一片微型蛋壳陶片。

灰色。内外壁均有旋痕。

图版 135，6（K.6776：41）。池沟寨。饰有篮纹的小残片，是目前所知的唯一一件河阴遗址的器物。

图版 137，2（K.6776：42）。池沟寨。黑陶碗的微小碎片。胎体呈暗淡的巧克力色。外壁黑亮。内外壁均有旋痕。

图版 137，6－7（K.2201：8－7）。牛口峪。两件高碗残片，外壁饰有趣的图案。器表为砖红色。壁厚 4 毫米。外壁的图案是由一排凹陷的小点组成的曲折纹。

我在对沙锅屯的描述中也提到过类似的图案。在那本专著中，图版 11，1 和 3 的特点与前述器物相似。与我们关系更为密切的图 8a、8b 也是同一类型。这里有真正的曲折线，就像我们的案例一样。但还是有一点是不同的：沙锅屯的例子中，曲折的纹路是由刻线产生的，而在这里则是由一排排的小点产生的。不过，这种图案显示出沙锅屯与河阴的陶器有着非同寻常的关系。

图版 133，9a－b（K.2062：108）。秦王寨。

独特的器物，平底，腹壁近乎垂直，凸起的颈部很明显，宽 25 毫米。灰色，壁厚 4－5 毫米。底与腹壁之间有急剧的弯曲和突出的凹痕。外壁、领、内壁磨光。领内外侧之间有一急剧的弯曲。

这件器物可能有四条长足（图版 133，9a）。

图版 133，5（K.2062：110）。秦王寨。一件高脚器的基底残片（对比仰韶村部分的图版 28）。器壁横排三个大孔。灰色。壁厚 4 毫米。

图版 133，7（K.2062：111）。秦王寨。另一件高脚器的基底残片。腹壁没有孔。

图版 133，1a－b（K.6317）。王家沟。这件有趣的标本缺少底部的中央部分，因此无法验证我的猜测，即它是否像仰韶村图版 28，1 那样的高脚器的盆。

器表呈棕灰色，中心部位为纯灰色。壁厚 4－7 毫米。器身由深的中央部分和锐利的口沿组成。看起来是手工制作的，口沿外面有一些旋痕。表面光滑，没有磨光。

图版 133，3（K.2062：112、115）。秦王寨。这件器物肯定是高脚盆形器的上部。最下面的部分是连接底座的，后来被削平了，这显然是为了使盆的部分被削掉后还能用。器表跟前述器物一样，胎体浅褐色，中心部位为灰色。壁厚 4－7 毫米。

外壁饰有重叠的、有齿的黏土带。

（十三） *彩陶* （painted pottery）

介绍彩陶之前，先简单回顾一下我们最精美的标本之一的大碗（K.5900：2），它没有彩绘，由于氧化反应，其器物边缘呈现出类似彩绘的色彩。

器型（Shapes of Vessels）

大多数情况下，彩陶只出现在残片中，所以很难，甚至不可能确定整个器物的形状。不过，我们拥有一些可以进行可靠修复的器物，可以用它们与许多零碎的标本进行比较。

大口瓮（Urns with Wide Mouth）

图版138，5（K.5900：15）。秦王寨。这件重要的器物是在北京的一张图纸（A Drawing）上修复而成的，《中华远古之文化》图版14，2。随后，它被修复为标本（即图版138，5），而且被证明是较为粗短的。高334毫米，最大径342毫米，口径290毫米。

图版138，4（K.5899）。池沟寨。此标本也曾在《中华远古之文化》图版14，1中修复过，现在作为标本修复（即图版138，4）。这里最低的部分只是一种推测，但我相信复原之后也是这个样子。

K.5897。秦王寨。一件完整的器物，口部略微收缩的高碗（阿恩（Arne）《河南石器时代的彩陶》，图版1）。这种器物对我们推测许多残片的形状很有用。像图版138，4-5，这件器物的领部也有不小心画出的十字形棚架带。因此，对于有狭窄的外翻领和下面的棚架带的瓮，我们只能说他们是属于口宽的瓮（图版138，4-5）或口微收的高盆（阿恩（Arne）《河南石器时代的彩陶》，图版1）。诚然，黑彩瓮和红采碗，阿恩（Arne）《河南石器时代的彩陶》，图版1，它是用红色画的，但没有证据表明这构成了瓮和碗的区别。出于这些考虑，我判断图版140，8；142，1-2；143，1-5及147，1属于上述某一类。当然还有一个迹象：图版138，3-5中的瓮壁最上部的弧度非常轻微，几乎是直的，而阿恩（Arne）《河南石器时代的彩陶》，图版1瓮的弧度则相当陡。根据这些观察，我猜测图版143，3-4和149，1、4是碗，但这也只是一种猜测。

另一种是口部强烈收缩的碗，即我们的图版138，2（K.5920），来自秦王寨。这件器物最低的两厘米也只是根据推测，虽然它肯定接近事实。类似的标本，如图版139，2、8；141，13；142，3；144，1、11；147，10，往往带有加厚的边缘。

第三类是宽口的碗，一般是薄器，如阿恩（Arne）《河南石器时代的彩陶》，图版2和我们的图版146，8；148，3-5和149，3。

毫无疑问，还有其他形状的器物，但我无法从我们的碎片材料中追踪到。例如，我无法复原有趣的标本即图版146，1的形状。

（十四） 颜料和设计 （Pigments and Designs）

这些陶器的器型和颜料各不相同，本应以彩版的形式再现，但出于经济的考虑，未能做到。下面我将对器型、色彩和产地作一简要的回顾：

C. W. C. ＝ 秦王寨

C. K. C. ＝ 池沟寨

W. C. K. ＝ 王家沟

N. K. Y. ＝ 牛口峪

图版138，2－5号中的四件彩陶，我和阿恩（Arne）在之前的出版物中已经介绍过。

图版139。全部来自秦王寨。这些陶片都有这样的共同点，即在砖红色的器表上有厚厚的白彩覆盖。有的标本是没有白彩的。14号就是这样，最下面的部分是裸露的。许多也许是所有的标本中，领也是不施陶衣的。这在1－3和7号中非常明显。其他标本中，裸露的领带是如此的狭窄，以至于只能勉强辨识出来。

盛行的颜料是黑色，有的地方是纯黑色，有的地方是偏褐色。6号是用棕红色画的，包括直接画在砖红色器表上的边缘带。10号的图案是用两种颜色画的。大部分是棕红色，但右边三笔是灰褐色。6号也有灰褐色的笔画。

13号是一个奇特的案例。颜料呈暗红色，质地很粗糙。3号有一个宽大的红色圆点和几个红色笔画与黑色笔画交织在一起的图案。

图版140。全部来自秦王寨。这里的图案下面也有厚厚的白彩。3、5、9和10号显示了最底层的部分，图案没有延伸到这里。

1－8号标本都有明显地领部，其中砖红色的器物露出来，没有彩色图案。

黑色是主要的颜色。1号在两个黑色横条之间有一个矛状的红色笔画。4号在眼内低处有一个小红点，8和9号在黑色横线之间有很多被抹去的红条。

图版141。1－6、8和11号标本来自秦王寨，7、9－10、12－13号标本来自池沟寨。所有这些标本都有厚厚的白彩。其中有两件，10和12，颜色很深，以至于它们显示了没有涂上白彩带的最低部分。7、9、12和13显示了裸露的领部条带。除了以黑色为主的图案外，还有一些红色：1号，最大的圆圈是红色的。2号，黑线的交界处有一抹红色。5号，衣领外有红色，左手角的白色和黑色上方也有一小块斑点。6号，黑线交界处有一个圆形红点。8号，两根黑线上方的圆点是红色。12号，

黑色窄线上有一个不规则的红色斑点。这里的领部也有红色。还应该注意的是，两条黑线非常自由地延伸到基底部分，那里没有条带。

图版142。1号是灰胎器物饰红彩。2号是砖红色器物饰红彩。3号无彩。

图版143。1号，浅砖红色陶，饰红彩。2号，灰胎陶器，表面淡红色，饰红褐彩。3号，壁异常厚，7毫米，内壁灰，外壁砖红色，饰黑彩。4号，器表呈砖红色，饰黑彩。5号，内壁灰，外壁红，涂黑彩。

图版144。1号，内壁灰色，外壁浅褐色。黑彩。2号，灰胎，外壁淡黄褐色。口部有红褐色彩带。3号，薄壁，3-4毫米。灰色至砖红色陶。边缘涂棕红彩。4号无彩。5号，灰胎，外壁砖红色，黑彩。6号，灰胎，外壁砖红色。这件连同其他一些残片标本，很难确定外壁的砖红色是由于氧化烧灼还是涂了很薄的颜料。黑彩。7号，外壁呈淡淡的砖红色。黑彩。8号，厚壁，8毫米。中间灰。表面砖红色。黑彩。9号，薄壁，4-6毫米。外壁浅砖红色。边缘红色；条带为黑色。10号，外壁砖红色。边缘红色。11号，外壁砖红色。饰黑彩。12号，非常细长的碗（壁厚2.5毫米）残片，表面灰色。饰红彩。13号，表面浅砖红色。红褐色彩。

图版145。全部来自秦王寨。1号，灰胎。表面砖红色。黑彩。2和4号，为某种特殊目的而切圆的碎片，但未完成。灰胎。外壁砖红色。黑彩。3号，灰胎陶。表面红色。饰黑彩。5号，薄壁，3-4毫米。灰胎陶。涂红彩。6-8号，灰胎陶。外壁砖红色。黑彩。

图版146。这版汇集了两组不同的标本，1-9号是秦王寨出土的薄壁红彩灰胎陶片。

10-16号是牛口峪出土的。13号是一件灰胎红彩的薄片。除口部以下及口沿外，其余都属于厚壁白彩的标本。14-15号的黑彩之间伴有红色直条纹。15号的边缘下也有一个大的圆形斑纹。

图版147。全部来自秦王寨。2、6、9和12号都属于带有厚厚白条的类型。12号只画了黑彩。其他三件是以黑线和红线交替画的，但画的很模糊。

10号是一件非常有趣的标本，虽然很难解释。它很可能是属于厚胎器的一种（如图版138，2一样），除了底和口缘的一条带子外，其余部位都被白彩覆盖。这类器物的形状如上所述，是口部收缩的碗。

这件标本的外壁模糊不清，使我不得不猜测它是从一个农家获得的，且被油脂和灰尘弄脏了。然而，我没有敢去清理，因为它现在的状态有一种我不愿意干预的美。它的白彩（图中显示为白色）与其他所有标本的白彩（虽然不是石灰质）完全不同。这件标本的白彩具有光亮的光泽，与珍珠母有相似之处。还有另一个奇怪的特征在其他情况下不为人知，即有两种黑色；一种是图中的横纹，与其他标本的黑色相对应；另一种是喷射黑色，光泽度高，在普通黑色的领域内形成窄条和小菱形。

中间有一个横着的红色数字，用斜线标记。

1 和 4 号是灰胎红彩的薄壁陶器。3 和 8 号可能是同一件陶器。红灰色胎，外壁覆盖一层暖红色的彩，上有黑色图案。5、7 和 11 号，灰胎，内外壁均为砖红色。黑彩。

图版 148。除 3 和 9 号来自池沟寨，4 号来自牛口峪外，其余全部来自秦王寨。

1、2、6 号的共同点是中间厚（5 – 7 毫米），灰胎，内外壁呈浅砖红色，浅红彩。

8、9 号为薄壁器（4 毫米），砖红色胎体，饰红彩。3 – 5、7 号为薄壁器（3 毫米），灰胎陶器，饰红彩。它们都是细长的大口碗（残片）。

图版 149。除 11 和 18 号来自池沟寨外，其余全部来自秦王寨。

1 号，灰胎，黄灰色外壁上涂红彩。2 – 3、10 – 12、15 号属于薄壁碗，灰胎，宽口。饰红彩。5 – 7、9、13 – 14、17 – 19 属于厚壁型，砖红色外壁涂红彩。8 号有一宽阔的黄红色区，可能是氧化烧制而成的（对比上述完整的大碗 K.5900：2），此外还有一条窄红色条带。16 号为黄白色残片上涂有红彩的菱形图案。

第三节　与河阴遗址相关的发现

在以下对河阴遗址的简要回顾中，我没有考虑到中国科学家在安阳附近发现的仰韶时代的重要发现。第二次世界大战爆发时，还没有关于这些发现的详细报告，我认为在没有完全了解安阳地区的材料之前，推迟进行任何工作是比较安全的。

《中国史前史研究》第 62 – 77 页，我们与《城子崖》的黑陶或山东（Shan-tung）龙山文化进行了比较。

在这里，我将把我亲自研究过的河南的遗址（不招寨、仰韶村、河阴）进行比较。然后再将这些遗址与甘肃的遗址进行比较。

在地理环境上，甘肃与渑池（不招寨、仰韶村）的遗址似乎有不同之处。甘肃史前聚落适应了已有的地形，灰嘴（Hui Tsui）、罗汉堂（Lo Han T'ang）西。不招寨和仰韶村遗址是建立在起伏的黄土平原上，后来被逆行的沟壑侵蚀剖开。

乍一看，这好像是甘肃和河南的地理环境完全不同。但我还是认为，从地形上看，也可以发现像不招寨、仰韶村这样的遗址在甘肃，反之则是以甘肃为背景的河南一类的遗址。我们研究的甘肃的遗址都位于马兰台地前，而不招寨和仰韶村则位于侵蚀前线后约 10 公里的地方。离洮河河谷有一定距离的甘肃也有类似位置的遗址。另一方面，我未曾到过的河南河阴县的遗址，由于靠近黄土台地的河滩前，其环境可能与甘肃的灰嘴和罗汉堂西相若。

当我们将河南的遗址的出土物与甘肃的遗址的出土物进行比较时，应该可以获取一些基本事实。

齐家坪（Ch'i Chia P'ing）时期被认为是甘肃最早阶段的文化，其在河南没有对应的文化。由于已证明河南的仰韶村和甘肃的马家窑（Ma Chia Yao）是同时代的（见《中国史前史研究》，第104页），所以齐家坪可能比我们所知的河南的任何文化都要早。

另一方面，在河南的不招寨［山西也有，如太原府（Taiyuanfu）的阳曲镇（Yang Chü Chen）、Pei Ti Wu N. 遗址］，其出土物与仰韶村的完全相同，但有一个非常明显的例外：没有彩陶痕迹。有彩陶的遗址和没有彩陶的遗址几乎不可能是同时代的：不招寨一定比仰韶村早得多，以至于彩陶尚未投入使用，或者晚得多，以至于彩陶不再是出土物的一部分。

由于不招寨（以及其他无彩陶遗址）中似乎有晚期的器物，我认为（其时代）属后一种可能性较大，虽然很不确定。我这里说的是，仰韶类遗址可分为有彩陶的（仰韶村类型）和没有彩陶的（不招寨类型）两类。

我们要解决的下一个问题是仰韶村与河阴的遗址之间的关系。这些遗址的彩陶都有密切的关系，但有一些特征表明，河阴的彩陶是两者中比较丰富和发达的。因此，例如，罕见的菱形方格纹器物的出现，就代表着仰韶晚期的特征。基于这些不是很确凿的理由，我认为河阴的遗址比仰韶村稍晚。

当我们现在着手比较河南史前史与甘肃史前史时，我们应该记住，甘肃史前史所涵盖的时间范围要广得多。我在《中国史前史研究》第222－223页中已经指出了这一显著差异。现在我引用一下该书的内容：

"总的来说，我们有资格说，尽管在不同时期有一定的创新，但在公元前2500－500年的两千年间，甘肃的陶器艺术发展有着显著的连续性。在这一点上，甘肃与河南形成了明显的对比，在河南，仰韶不仅是史前彩陶的第一个阶段，而且是最后一个阶段。我们只能通过假设在河南的一个或多个前安阳阶段，夏朝或其他任何我们可以使用的名称，标志着中国王朝的开始，压制彩陶而支持新的青铜艺术来解释。

甘肃的后期与河南—陕西的早期王朝是同时代的。然而，值得注意的是，公元前1700－500年的1200年间，甘肃与中国王朝之间的相似之处是多么的少。马厂（Ma Chang）和辛店（Hsin Tien）的蜿蜒曲折，加上马厂—寺洼（Ssu Wa）的球状腿的鬲（形状很像早期的青铜鬲），几乎是我能够指出的与中国王朝的唯一联系。一切都说明，在殷、周两朝，甘肃仍是一个相对封闭的后方区，主要接受来自王畿区以外的其他区域的影响。

仰韶文化的分布范围很广，大概是从沙锅屯到青海（Kokonor）附近。

从仰韶末期算起，甘肃成为自己的艺术中心，发展出令人瞩目的彩陶文化。"

只有甘肃的仰韶遗存才能与河南的遗址相比。从某种意义上说，这种比较是容易的，也是决定性的：甘肃南部的发现（见《中国史前史研究》第104页）暴露了仰韶村和马家窑的混合特征，证明这些遗址是同时代的。当我们将甘肃的仰韶中期与仰韶村和河阴的遗址进行比较时，我们关注的不是时间上的差异，而是同时代遗址的区分。

由于我们对河南聚落的殡葬陶器知之甚少，使这种比较变得困难。我们知道在河阴没有墓葬。

仰韶村发现了不少墓葬，特别是在大的村庄墓地所在地，图版12（《中国史前史研究》第244–247页）。其中只有一座墓葬发现了陶器（《中国史前史研究》第200页）。这五件器物都属于单色器，就像从仰韶村的普通单色陶中取出的一样。仰韶村的这一墓与甘肃高度专业化的殡葬彩陶器（半山型）没有任何关系。

半山墓的标型器是窄口瓮（《中国史前史研究》图版80–86）。窄口瓮也出现在甘肃仰韶中期的出土物中（《中国史前史研究》图版56–57）。这些甘肃窄口瓮在仰韶村、河阴的彩陶中没有对应器物。

河南的彩陶和甘肃的彩陶又有不同。河南的彩陶碗内壁不画彩，而甘肃的彩陶碗内壁经常画彩。

在甘肃，我们找不到与河阴的黑红底白彩相类似的器物，在仰韶村的器物中也有。仰韶村最精致的小碗，在黑彩下面用了高度磨光的红彩。

在精致的薄壁和光亮的红彩方面，仰韶村是无可比拟的。河阴以其五彩的几何纹样的彩陶风格而名列前茅［阿恩（Arne）：《河南石器时代的彩陶》，图版4，11］。

甘肃的日用陶器，以变形和植物图案为首的各种花纹，自成一派。

在严格的正统而又变化无穷的大胆的几何图案中，半山（Pan Shan）的殡葬陶器是无与伦比的。

河南的遗址提供了某些在山西北部和满洲西南部反复出现的特征。山西北部年延村（Nien Yen Tsun）的碗上的宽边带（《中国史前史研究》第145页）在仰韶村重现。

河阴出版物图版137，6–7的曲折纹也在沙窝屯洞穴中有所发现（见本书图版11，2，3，8）。

附　录　译名对照表

地 名			
Achenheim	阿肯海姆	Nan king	南京
Anau	安诺	Nien Yen Tsun	年延村
Anyang	安阳	Niu K'ou Yü	牛口峪
Cheng Tzu Yai	城子崖	Pan Shan	半山
Ch'i Chia P'ing	齐家坪	Pao Te Hsien	保德县
Chih K'ou Chai	池沟寨	Pei Ti Wu	
Chin Wang Chai	秦王寨	Peking	北京
Chu Chia Chai	朱家寨	Pu Chao Chai	不招寨
Feng tien	奉天	Russian Turkestan	俄属土耳其斯坦
Ho Yin Hsien	河阴县	Sha Kuo T'un	沙锅屯
Honan	河南	Shansi	山西
Hsi Chun Tsun	西庄村	Shantung	山东
Hsi Kou/Hsi Tzu Kou	西沟/西子沟	Shensi	陕西
Hsin An	新安	Sianfu	西安府
Hsinan Hsien	新安县	Southern Manchuria	南满洲
Hsin Tien	辛店	Ssu Wa	寺洼
Huang Ho	黄河	Stutzheim	斯图奇海姆
Hui Tsui	灰嘴	T'ao Ho	洮河
Jehol	热河	Taiyuanfu	太原府
Kansu	甘肃	Tientsin	天津
Kokonor	青海	Tongkin	东京
Kuan – chuang	宽庄	TsinLing	秦岭
Lo Han T'ang	罗汉堂	Tung Kou/Tung Tzu Kou	东沟/东子沟
Loyang	洛阳	Wang Chia Kou	王家沟
Ma Chang	马厂	Wu Lan Kou	乌兰沟
Ma Chia Yao	马家窑	Yang Chü Chen	阳曲镇
Mien Chih Hsien	渑池县	Yang Ho Tsun	杨河村
Mohenjo daro	摩亨佐·达罗	Yang Shao Tsun	仰韶村

河南史前遗址

人 名	
Andersson	安特生
Arne	阿恩
Klas Bernhard Johannes Karlgren	高本汉
Davidson Black	步达生
E. A. Hooton	E. A. 胡顿
E. Söderberg	E. 索德伯格
Forrer	福勒
G. Edman	G. 埃德曼
H. Schmidt	H. 施密特
Hua Shih Fu	华石斧
Lo Chen – Yü	罗振玉
P. L. Yuan	袁复礼
Pai Wan Yü	白万玉
Pumpelly	庞佩利
T. O. Chu	朱德敖
Willoughby	威洛比
Zdansky	师丹斯基

著作	
An early Chinese culture/Early Chinese Culture/E. Ch. C.	中华远古之文化
BMFEA	东方博物馆馆刊
Cheng TzuYai	城子崖
Children of the Yellow Earth	黄土的儿女
Geol. Survey of China	地质汇报/中国地质调查
Painted stoneage pottery from the province of Honan	河南石器时代的彩陶
Researches into the Prehistory of the Chinese/Prehistory	中国史前史研究
Palaeontologia Sinica	中国古生物志
Tao Chai Chi Chin Hsü Lu	匋斋吉金续录
The Cave deposit at Sha Kuo T'un	沙锅屯洞穴遗址
Yin Ch'ü shu ch'i, ch'ien pien	殷墟书契前编

其他	
Adze/Pen	锛
Aeolian Sediment	风成沉积物
Basket – Pattern	篮纹
Chou	周
Gesichtsurne	面部
Han	汉
Hsia	夏
Hsien	甗
Kellergruben	窖坑
Kia	斝
Ku	瓿
Kuei	鬶
Küeh/Küe	玦
Li	鬲
Li – Ting	鬲 – 鼎

其他	
Lunghai Railway	陇海铁路
Mat – Impression	绳纹
Min	皿
Pai's Pocket	白氏袋状坑，即白万玉发现的袋状灰坑
Pontian Hipparion Fauna	蓬蒂阶三趾马动物群
Proboscidhipparion	长鼻三趾马
Struthiolithus	化石鸵鸟
Sung	宋
The Geological Survey of China	中国/中央地质调查所
Ting	鼎
Tou	豆
Tou – Ku	豆 – 瓿
West of Wang	王氏以西
Wohngruben	生活垃圾坑
Yin	殷

图版

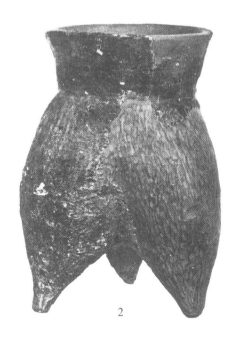

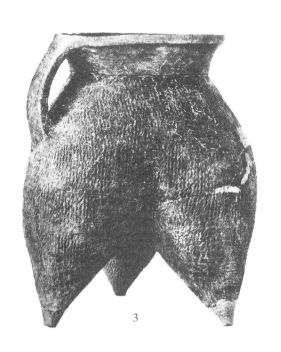

图版 1 仰韶村 1；2 ¹/₂；3，4 ¹/₃

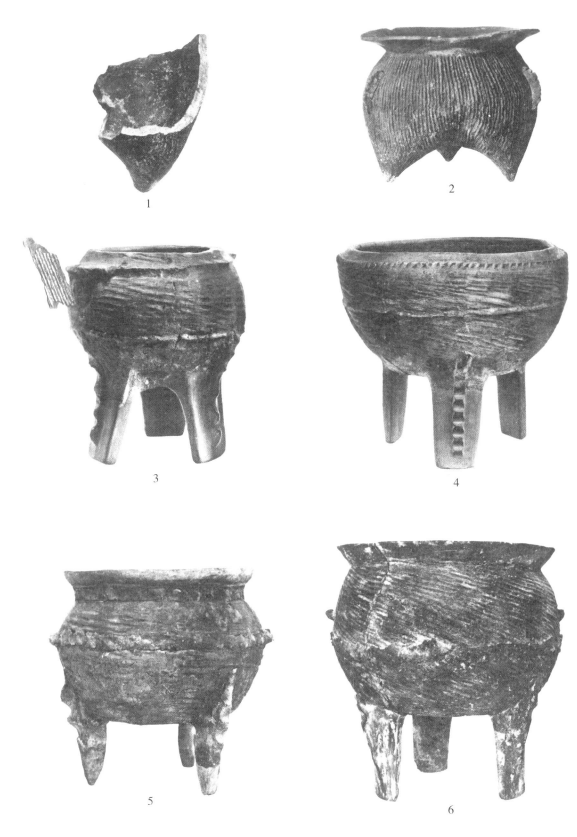

1   2

3   4

5   6

图版 2   仰韶村 1/3

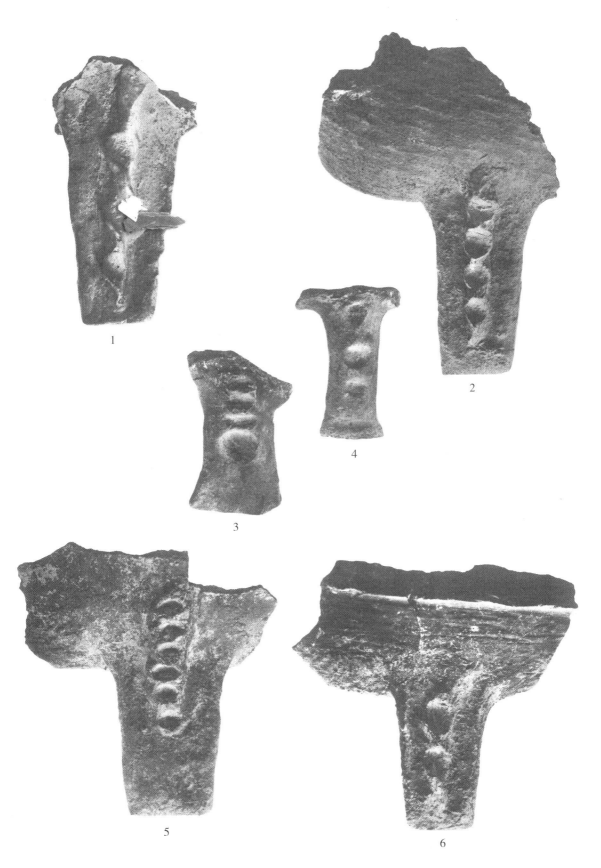

1

2

3

4

5

6

图版 3　仰韶村 ½

图版4　仰韶村 ½

1   2   3

4   5

6   7   8

图版 5　仰韶村　½

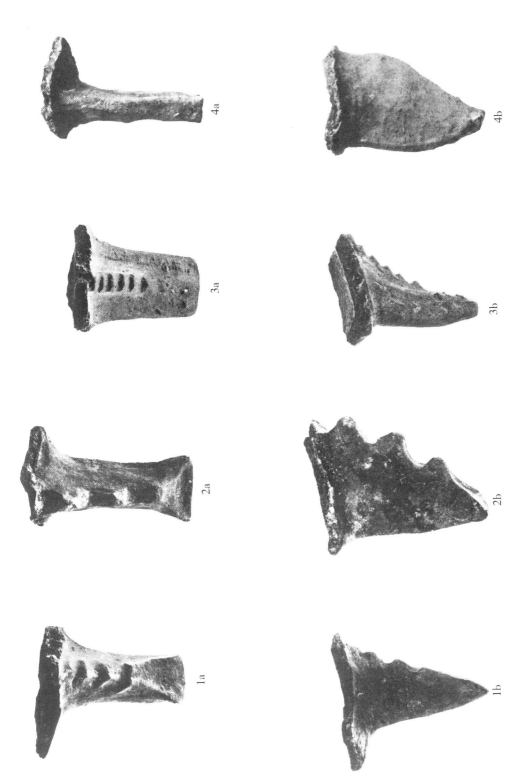

图版 6　仰韶村　¹/₂

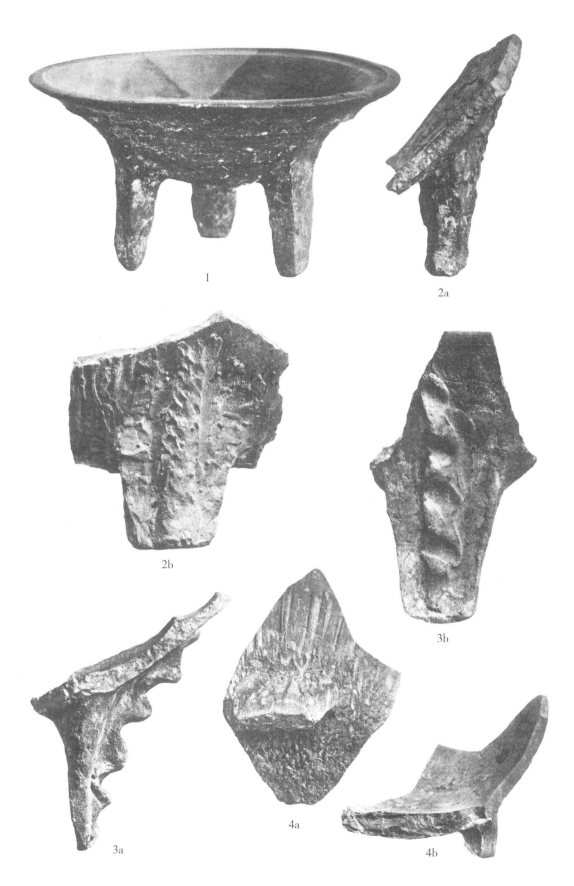

1

2a

2b

3b

3a

4a

4b

图版 7　仰韶村　½

1

2

3

4

图版 8　仰韶村　1，4 $^1/_3$；2，3 $^1/_2$

1   2

3   4

图版 9   仰韶村 $\frac{1}{3}$

1

2

3

4

图版 10　仰韶村　1，4 ½；2，3 ⅓

1

2

3

4

5

图版 11　仰韶村　½

图版 12　仰韶村　¹/₂

1

2

3

4

5

图版 13　仰韶村　2 3 ½ ; 其他 ½

图版 14　仰韶村　¹⁄₂

图版 15　仰韶村　½

1

2

3

图版 16　仰韶村　1/3

1

2

3

图版 17　仰韶村　1 $\frac{1}{2}$；2，3 $\frac{1}{3}$

1

2

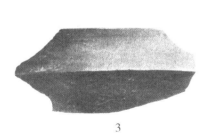

3

4

图版 18　仰韶村　1，3 $\frac{1}{2}$；4 $\frac{1}{3}$

1　　　　　　　　　　2

3　　　　　　　　　　4

5　　　　　　　　　　6

图版 19　仰韶村　½

1

2b

2a

3

图版 20　仰韶村　1/3

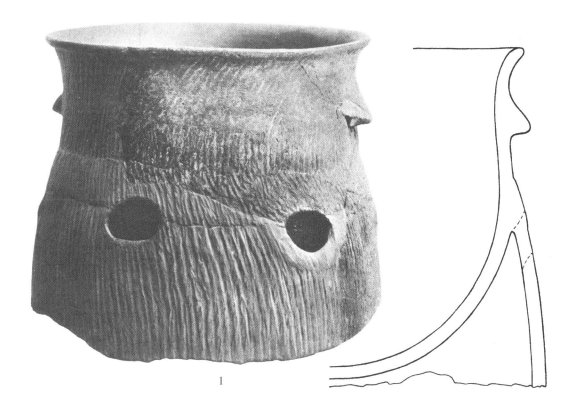

1

2

图版 21　仰韶村　$^1/_2$

图版 22　仰韶村　¹/₄

图版 23　仰韶村　¹/₃

图版 24　仰韶村　¹/₂

1   2   3

4   5   6

图版 25   仰韶村 $^2/_3$

图版 26　仰韶村　²/₃

图版 27　仰韶村　¹/₁

图版 28　仰韶村　¹/₂

1

2

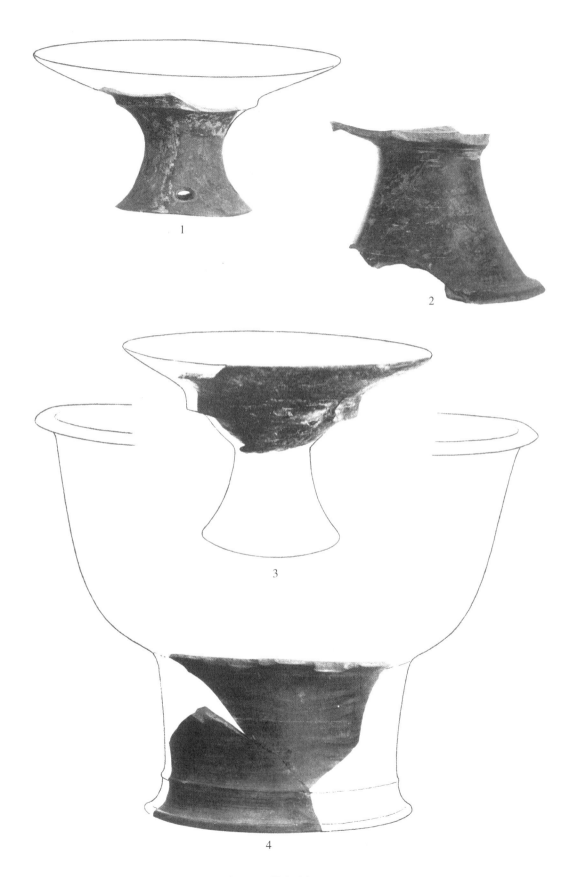

1   2

3

4

图版 29 　仰韶村 　1/3

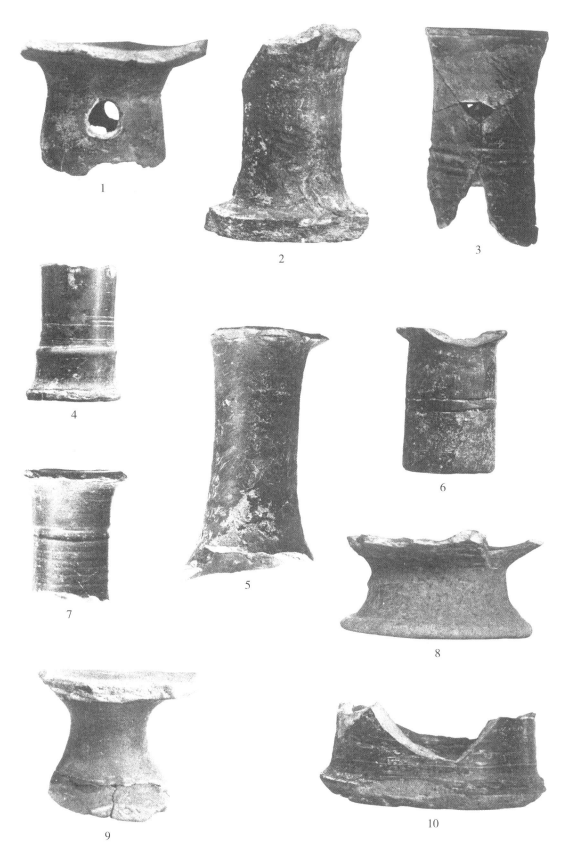

图版 31　仰韶村　$\frac{1}{2}$

1a 1b 2 3 4

5a 6

4

5b 8

9 10

11 12 13

图版 32 仰韶村 $^1/_2$

图版 33　仰韶村　½

1

2

3

4

5

6a   6b

图版 34　仰韶村　1，5 ½；其他 ⅓

图版 35　仰韶村　½

图版36　仰韶村　8，9 ⅓；其他 ½

图版 37　仰韶村　½

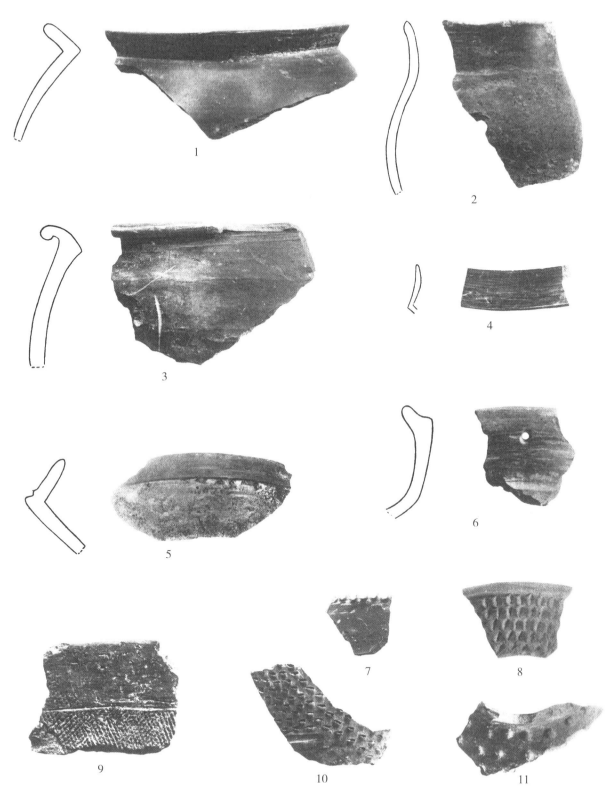

图版 38　仰韶村　½

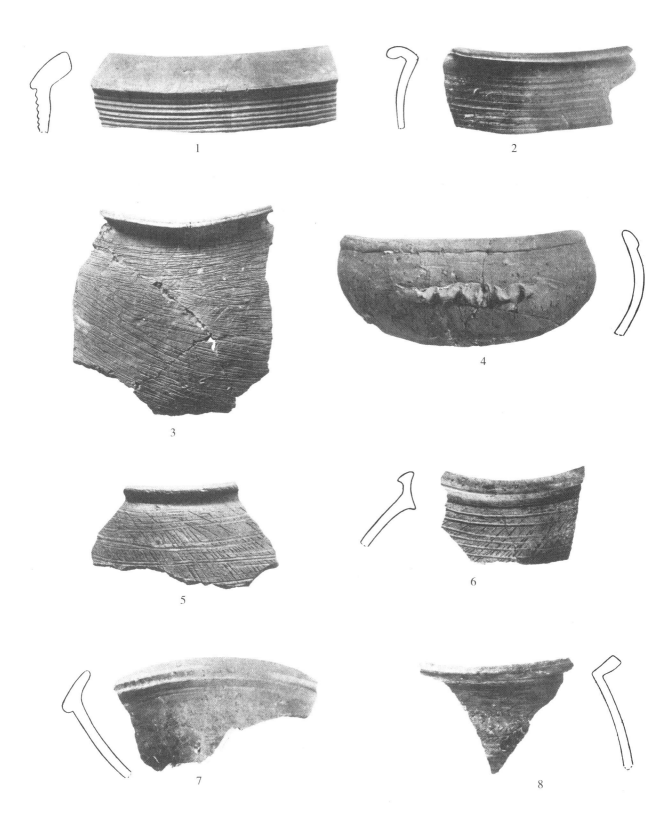

图版 40　仰韶村　¹⁄₃

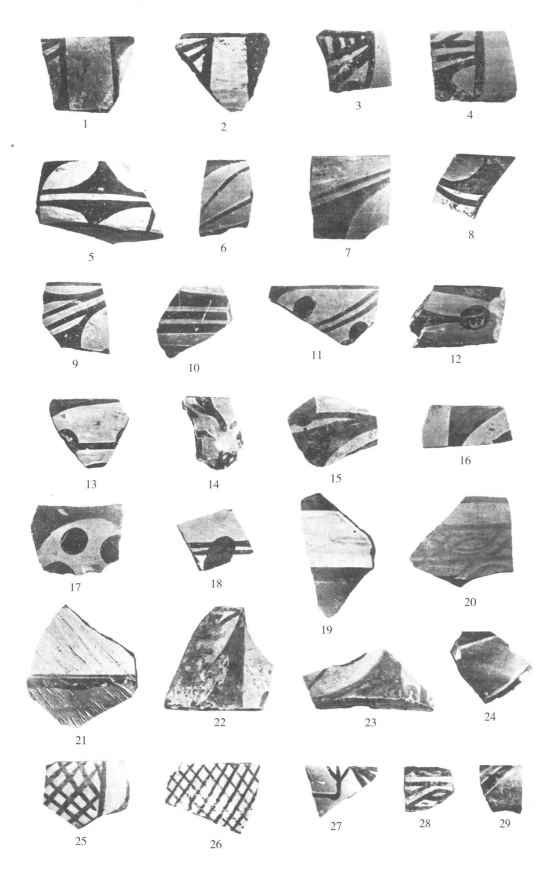

图版 41　仰韶村　¹/₂

图版 42　仰韶村　¹/₂

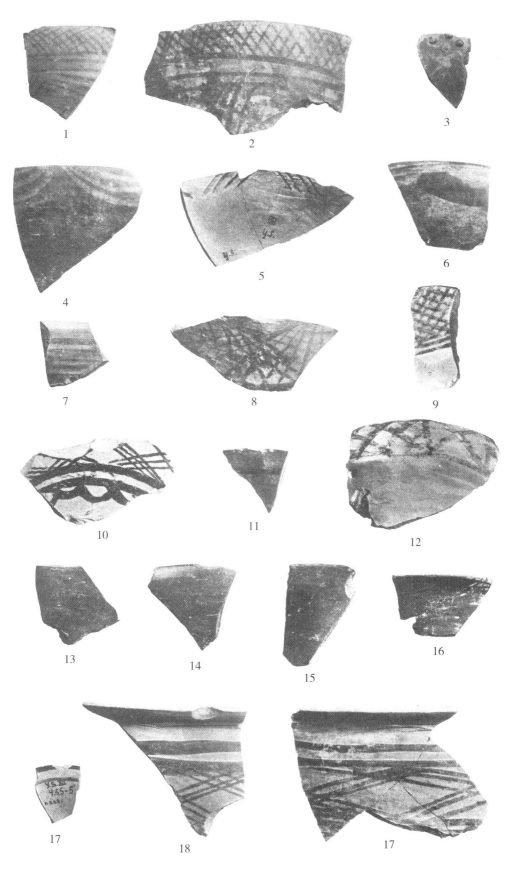

1　　　　　2　　　　　　　3

4　　　　　5　　　　　　6

7　　　　　8　　　　　9

10　　　　11　　　　12

13　　　14　　　15　　　16

17　　　　18　　　　17

图版 43　仰韶村　¹/₂

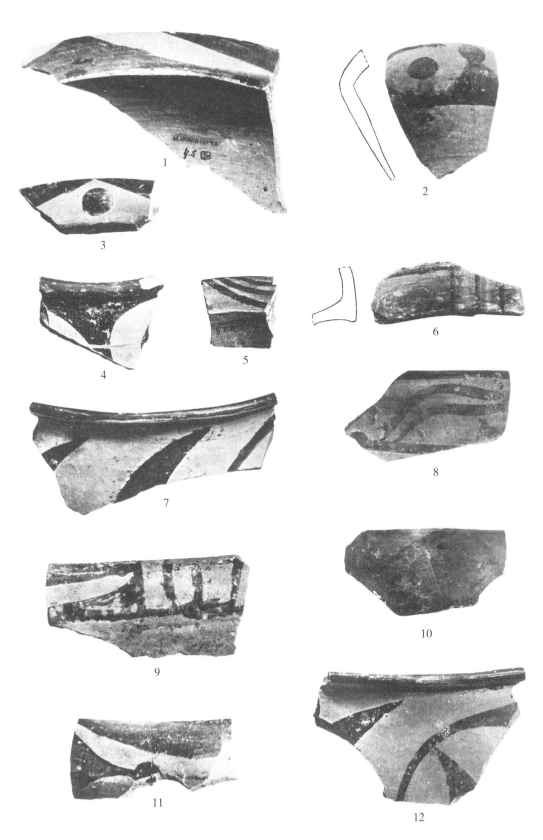

图版 44　仰韶村　½

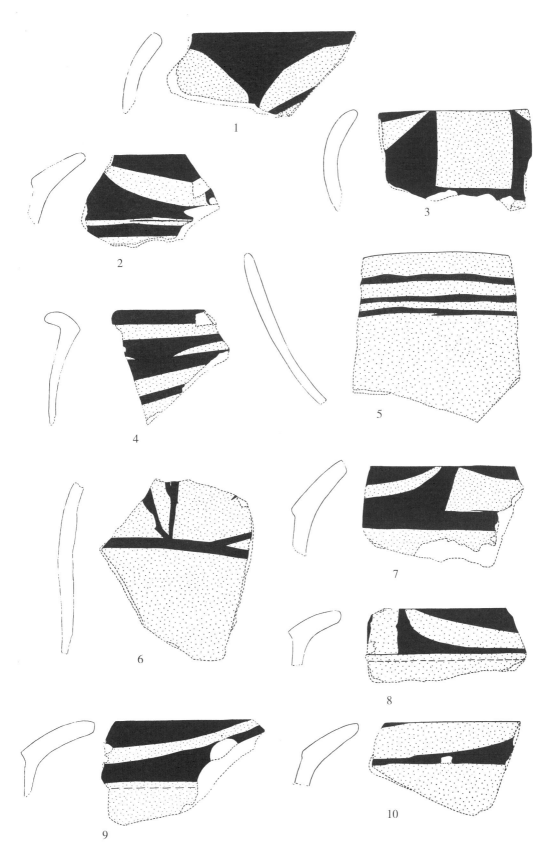

图版 45 仰韶村 ½

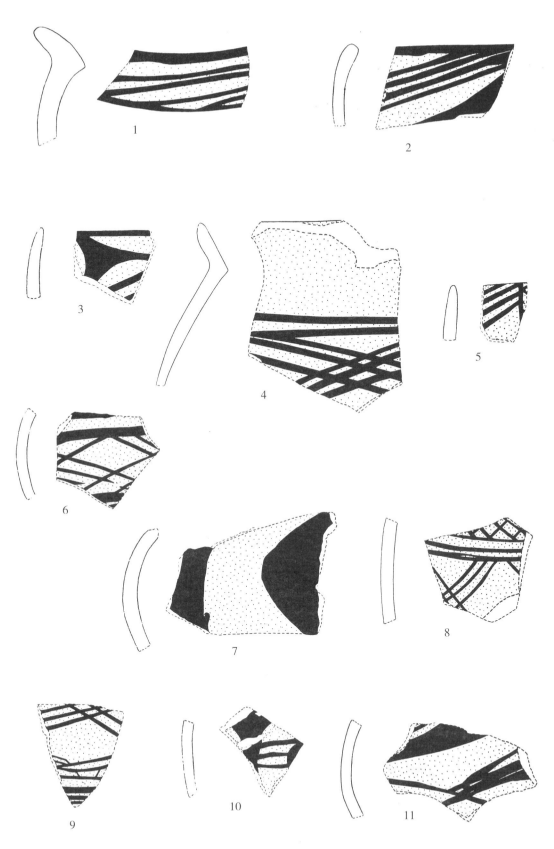

图版 46　仰韶村　²/₃

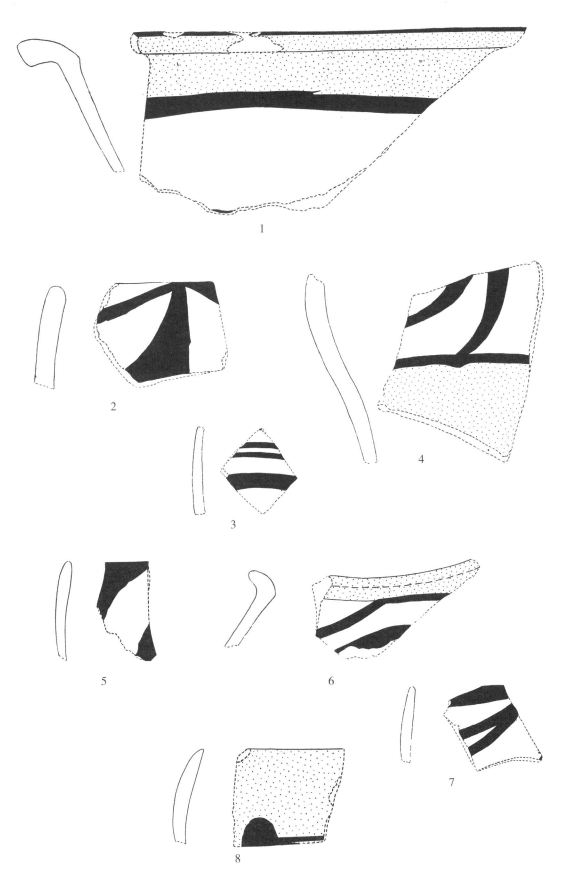

1

2

3

4

5

6

7

8

图版 47　仰韶村　²/₃

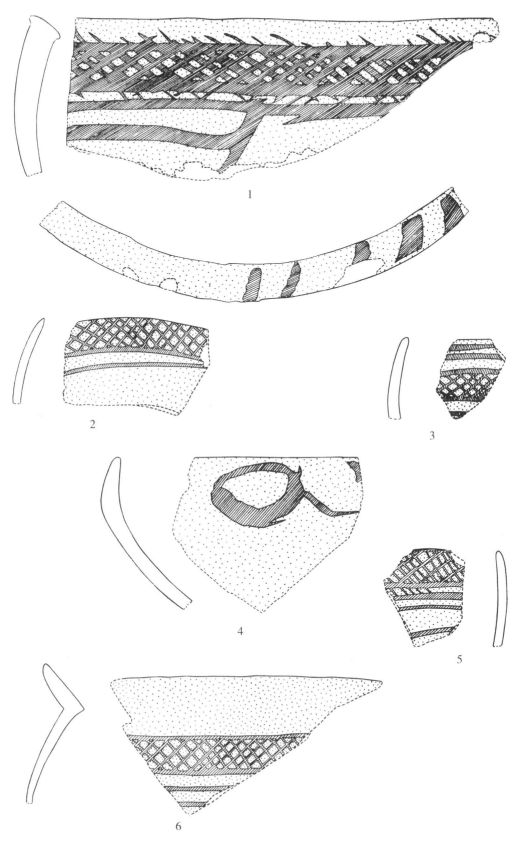

图版 48　仰韶村　²/₃

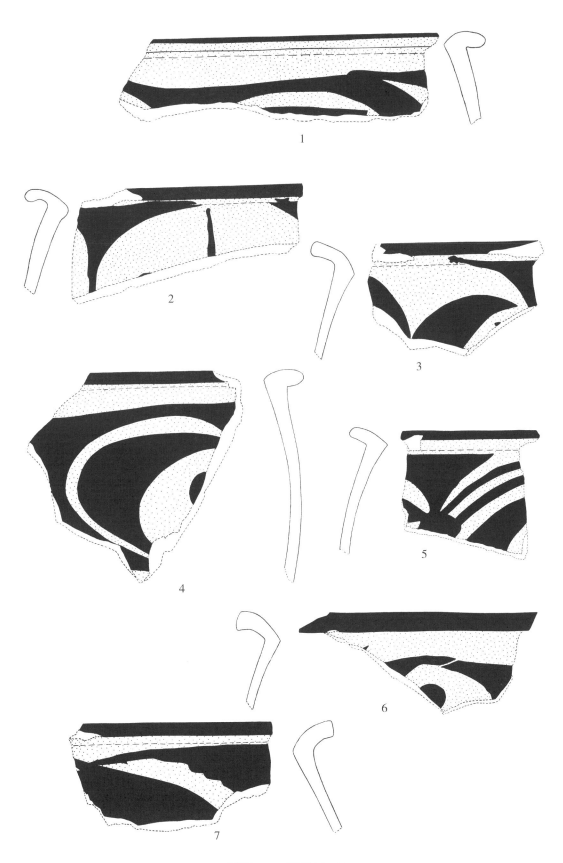

图版 49　仰韶村　½

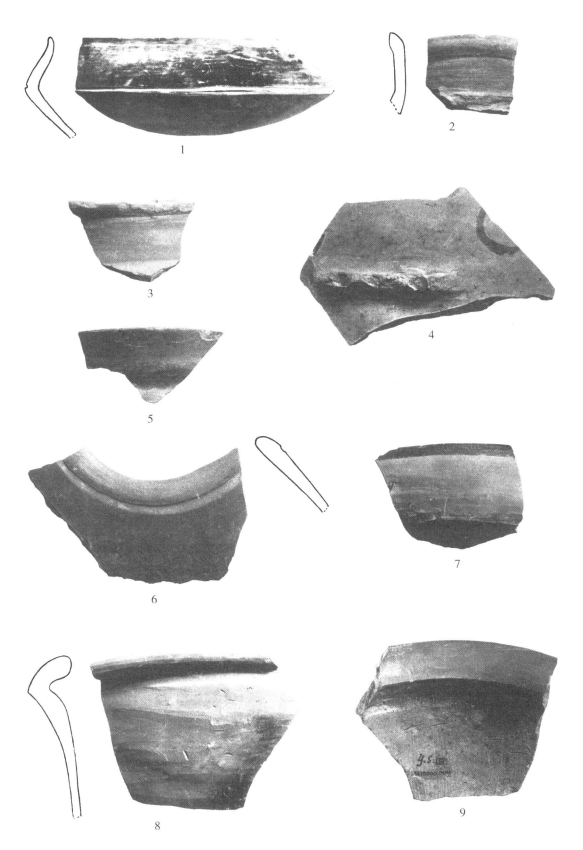

图版 50 仰韶村 ½

1

2

3

4

图版 51　仰韶村　¹/₂

图版 52　仰韶村　½

1

2

3

4

5

图版 53　仰韶村　$\frac{1}{2}$

图版 54　仰韶村　½

图版 55 仰韶村 1，3 ¹/₁；其他 ¹/₂

图版 56　仰韶村　¹/₁

图版 57　仰韶村　¹/₂

图版 58　仰韶村　1/2

1

2   3

图版 59　仰韶村　¹/₂

1

2

3

4

5

图版 60　仰韶村　½

图版61　仰韶村　¹/₂

1

6

2

5

3

4

图版 62　仰韶村　¹/₁

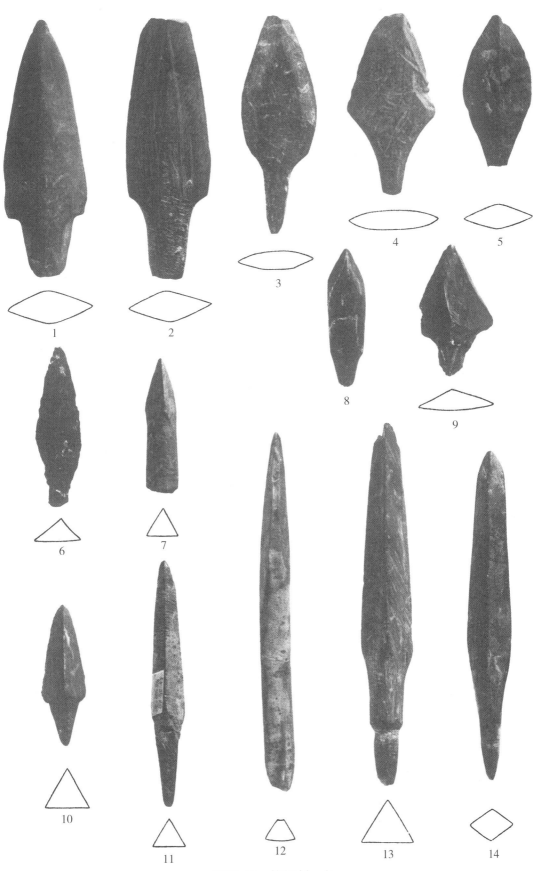

图版 63　仰韶村　¹/₁

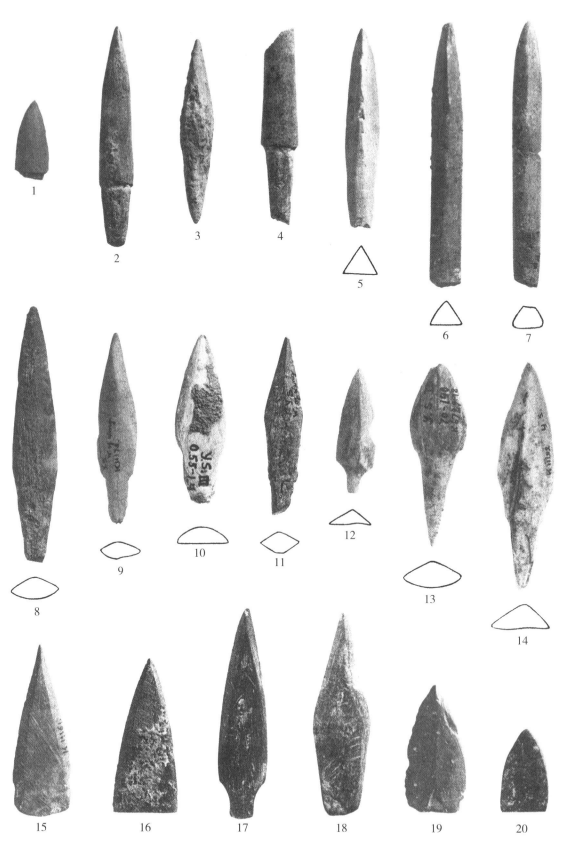

图版 64 仰韶村 1/1

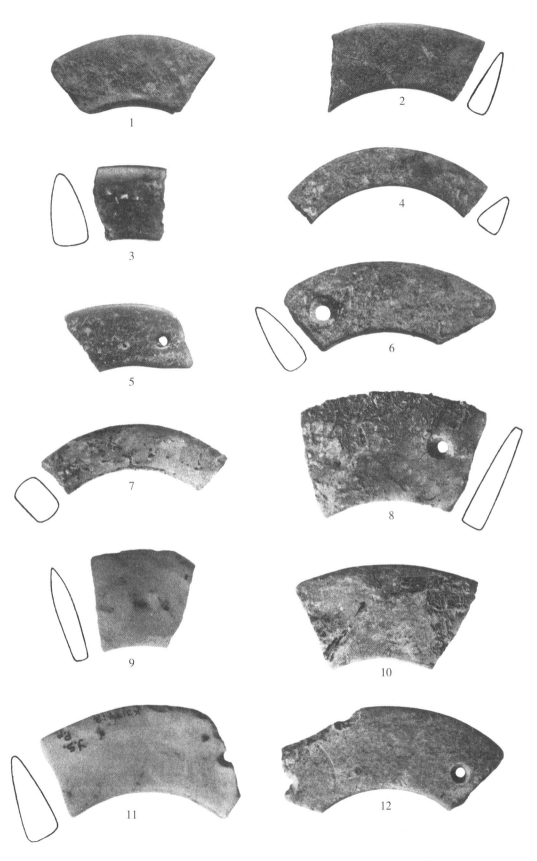

图版 65　仰韶村　¹/₁

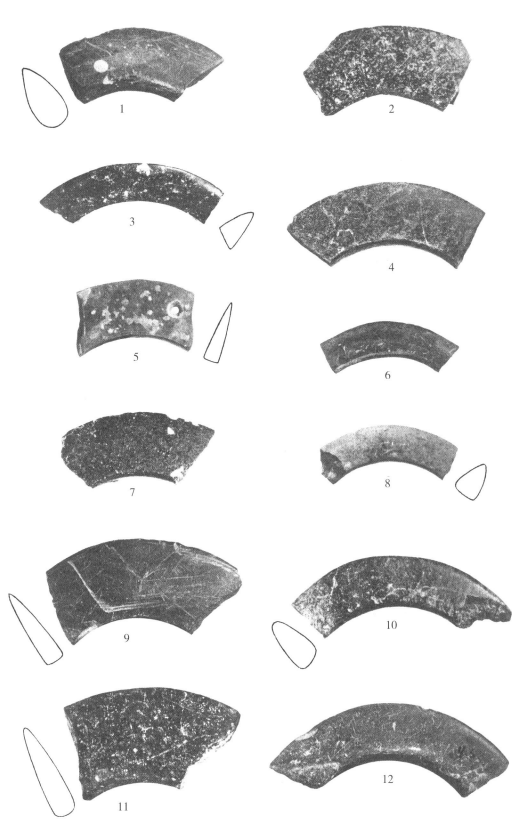

图版 66 仰韶村 ¹/₁

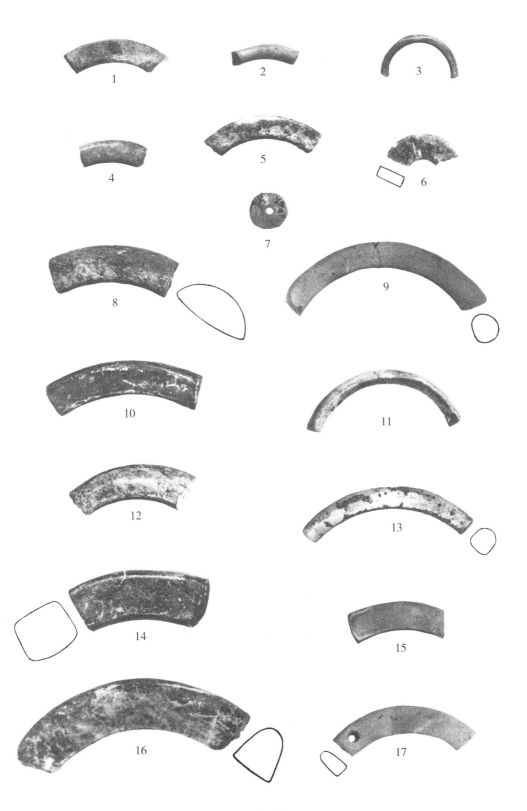

图版 67　仰韶村　¹/₁

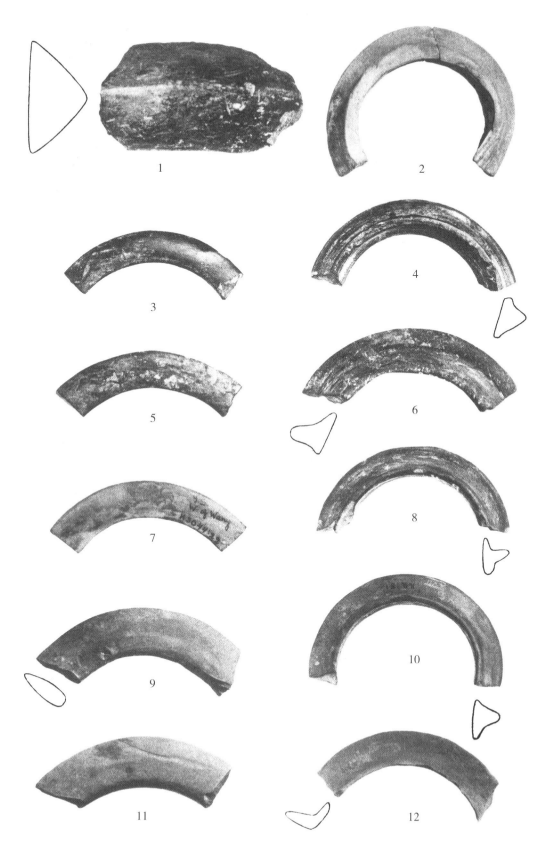

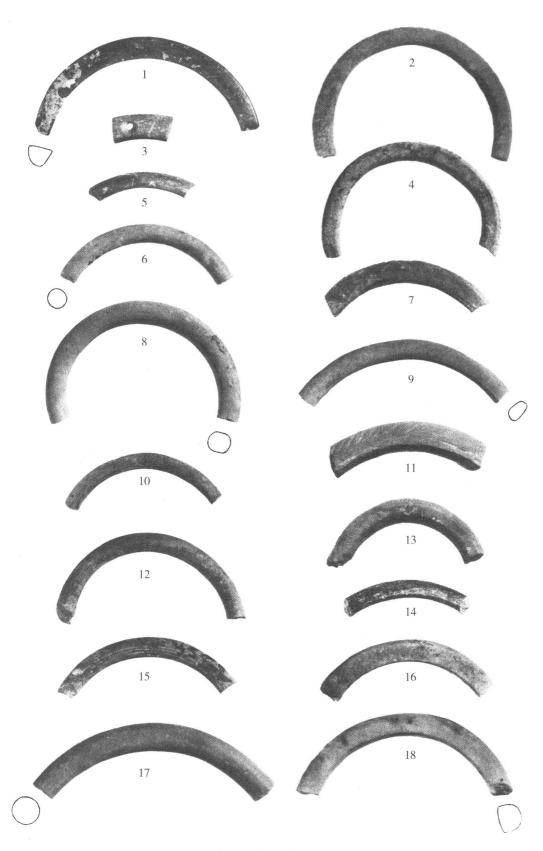

图版 69　仰韶村　¹/₁

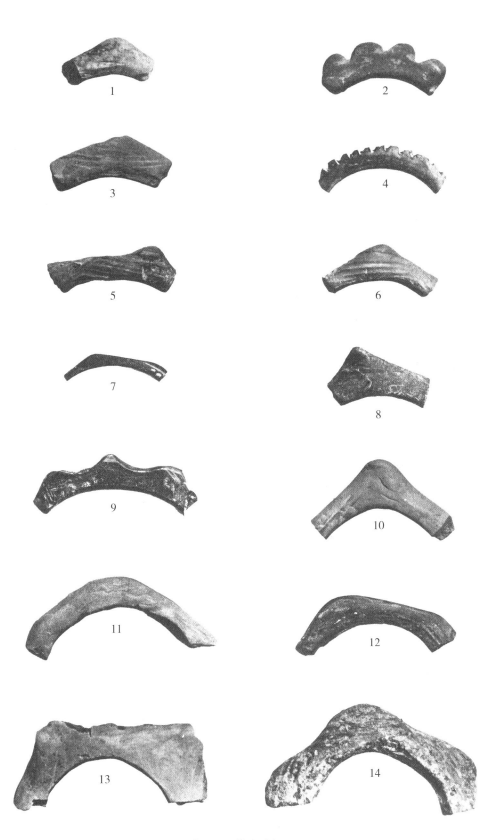

图版 70　仰韶村　¹/₁

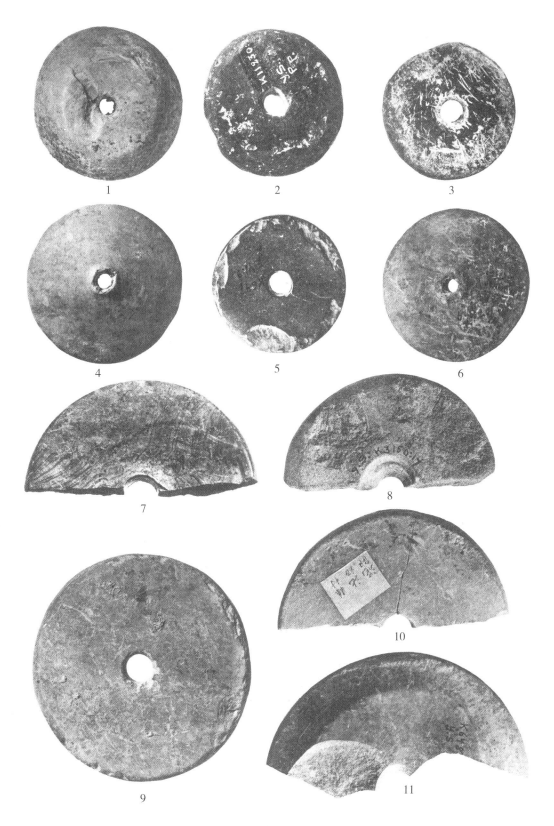

图版 71 仰韶村 ¹/₁

图版 72　仰韶村　1，4，5，7，8 ½；其他 ¹/₁

图版 73　仰韶村　1，6 ¹/₁；7，16 ¹/₂

1 2 3 4 5 6 7 8 9 10 11 12 13 14 15 16 17 18

图版 74 仰韶村 ¹/₁

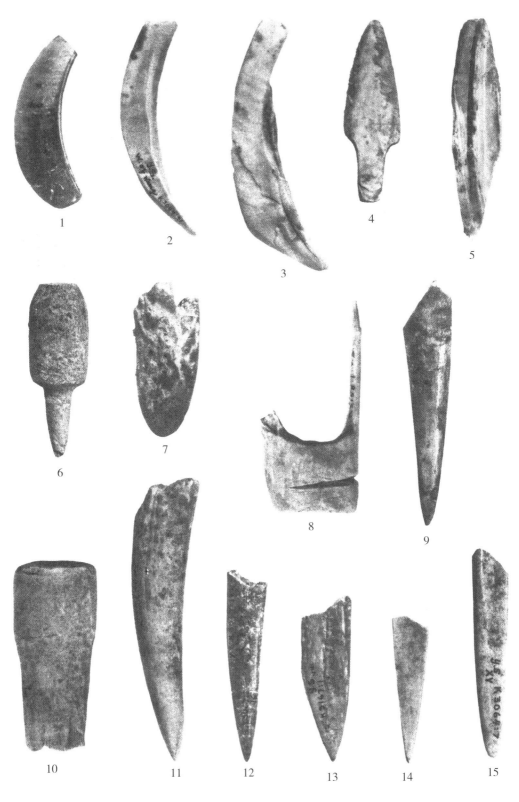

図版 76　仰韶村　¹/₁

1a

1b

2a

2b

3

4

5

图版 77　仰韶村　¹/₁

图版 78　仰韶村　$^1/_1$

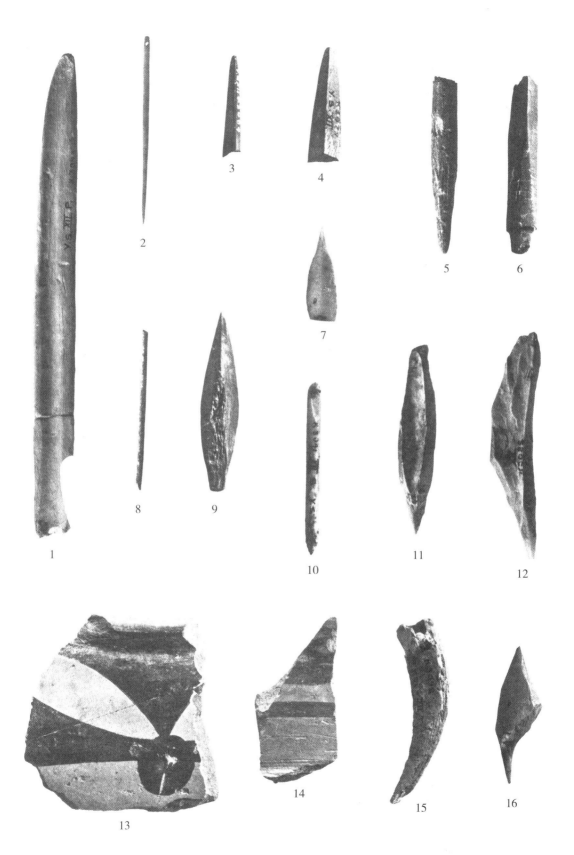

图版 79　仰韶村　¹/₁

砖房

黄土窑洞

图版 80　仰韶村，丰收时节的民居

仰韶村遗址南部的峡谷地形

袁先生站在一处孤立的文化堆积上

图版81　仰韶村，地点XIII

图版 82 仰韶村，沟壑

图版 83　仰韶村，地点 XIV（城堡悬崖）

图版 84　仰韶村，地点Ⅳ（史前井的发掘）

图版 85　仰韶村，公路峡谷南部的袋状坑

1

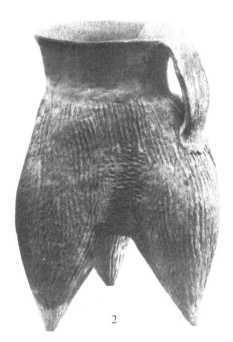

2

3

图版 86　不招寨　¹/₃

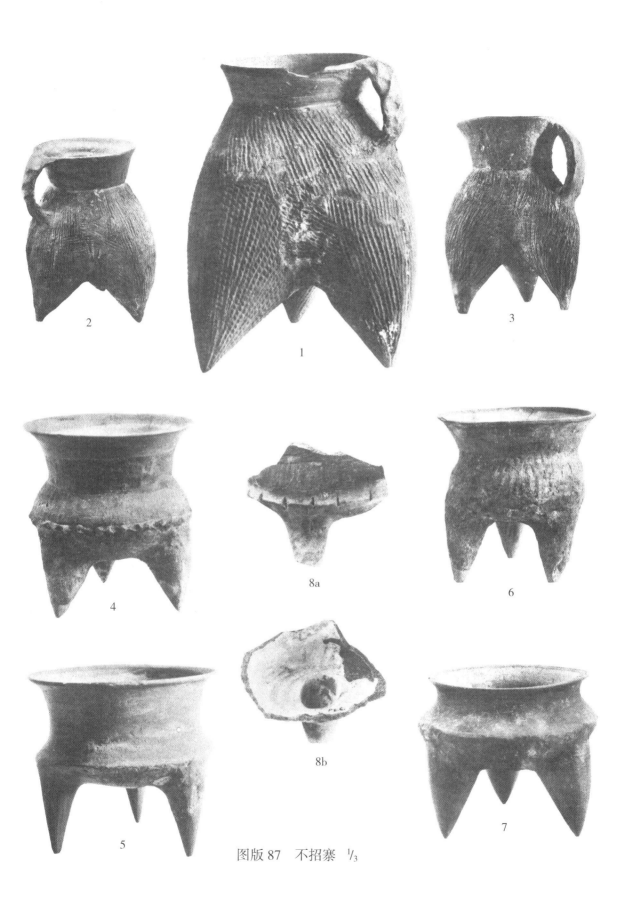

2

1

3

4

8a

6

5

8b

7

图版 87　不招寨　¹/₃

1a

1b

2

3

图版 88 不招寨 ¹/₂

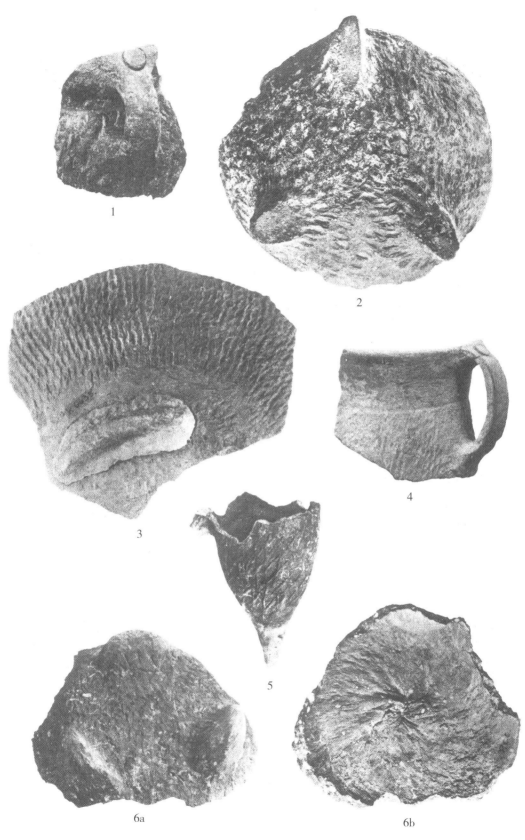

1

2

3

4

5

6a

6b

图版 89　不招寨　¹/₂

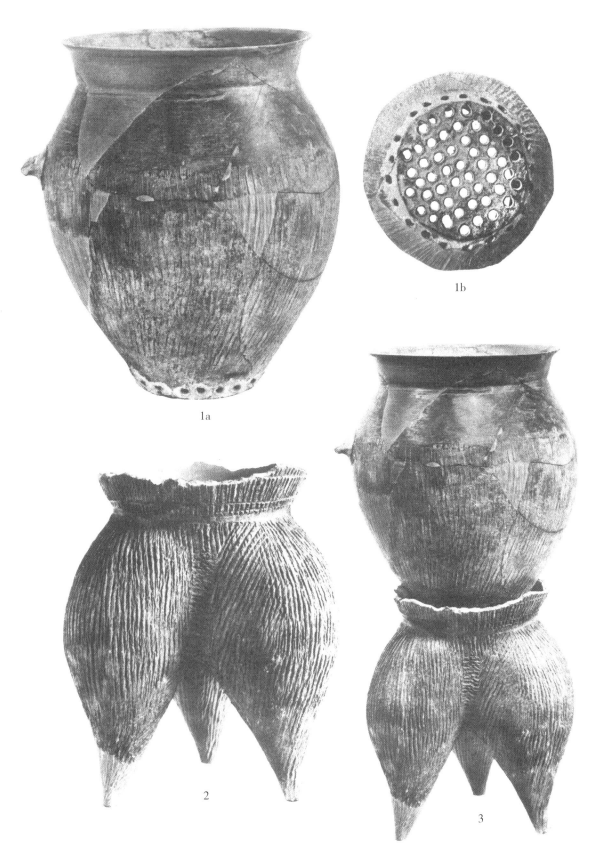

1a

1b

2

3

图版 90　不招寨　1，2 ⅓；3 ¼

1

图版 91　不招寨　$^1/_2$

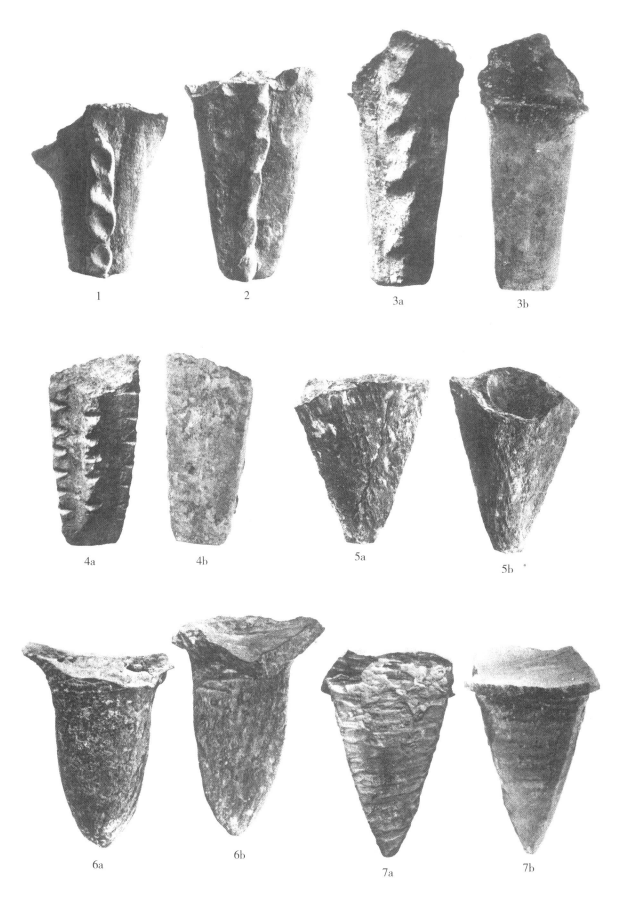

1　　　　　　　　2　　　　　　　　3a　　　　　　　3b

4a　　　　　　4b　　　　　　　5a　　　　　　　5b

6a　　　　　　　6b　　　　　　　7a　　　　　　　7b

图版 92　不招寨　$\frac{1}{2}$

1a   1b   2a   2b

3a   3b

4   5a   5b   6

7a   7b   8a   8b

图版 93　不招寨　$^1/_2$

1a

1b

2

3

图版 94　不招寨　1/3

图版 95　不招寨　½

1   2

3   4

图版 96　不招寨　¹⁄₃

1

2

3

4

图版 97　不招寨　$^{1}/_{2}$

1

2

3

4

图版 98　不招寨　¹/₂

1a　　　1b　　　1c

2a　　　2b

2c

4

5a　　　5b

图版 99　不招寨　½

图版 100　不招寨　⅓

1 2a

3a

2b 3b

3c

图版 102　不招寨　1/3

2

1

图版 103　禾招墓　1/3

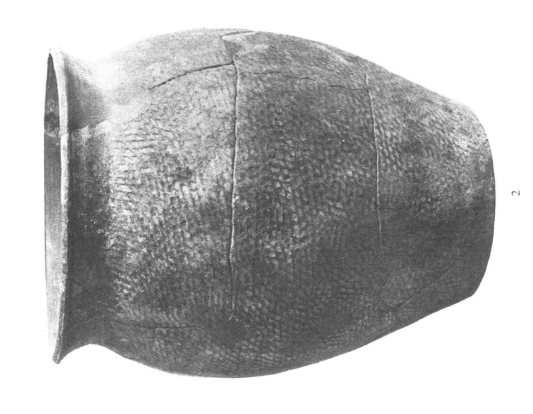

图版 104　不招寨 1/3

1

2

3

4

5a

5b

图版 105　不招寨　½

1a

2

1b

3

4a   4b

图版 106　不招寨　$\frac{1}{2}$

1

2

3

4

图版 107　不招寨　¹/₂

图版 108　不招寨　¹/₁

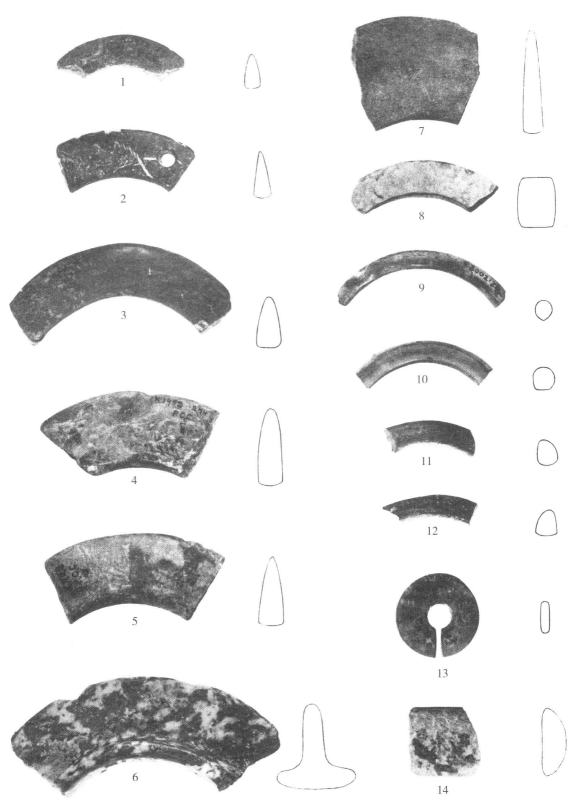

图版 109　不招寨　¹/₁

图版 110　不招寨　$^1/_1$

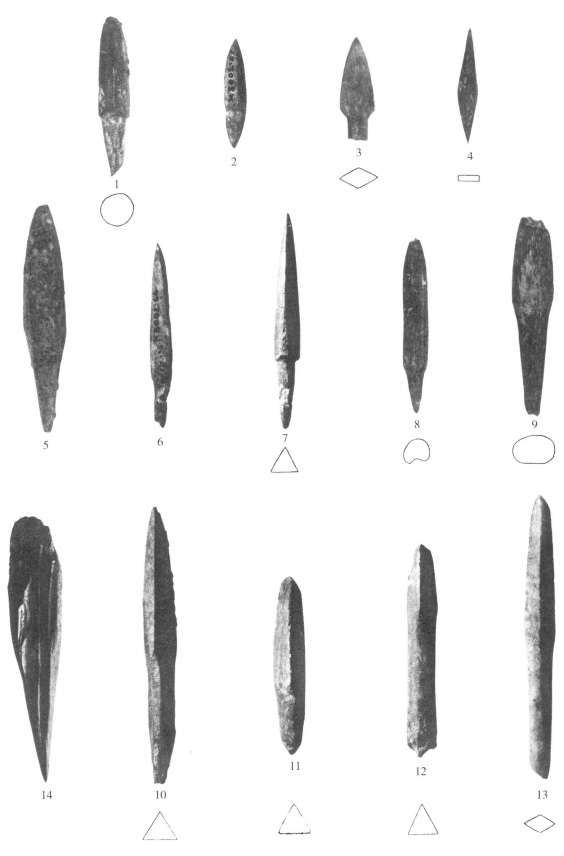

图版 111　不招寨　¹/₁

1　　　　2　　　　3　　　　5　　　　6

4

7

图版 112　不招寨　1/1

1   2   3   4   5   6   7   8   9   10

图版 113　不招寨　1/1

1　2　3　4　5　6　7　8　9　10　11　12　13　14　15　16　17

图版 114　不招寨　¹/₁

1   2   3   4   5   6   7   8   9   10   11   12   13   14   15   16   17   18   19   20   21   22   23   24   25

图版 115　不招寨　1/1

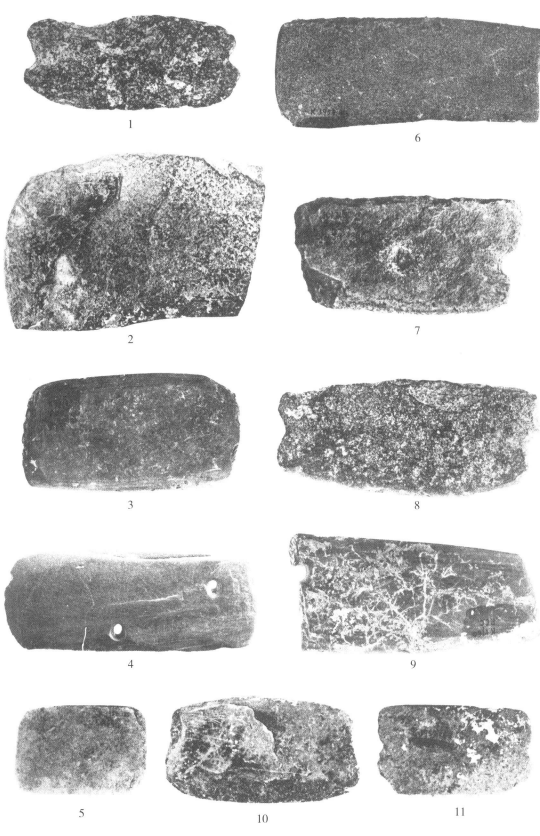

1

6

2

7

3

8

4

9

5

10

11

图版 116 不招寨 ²/₃

图版 117　不招寨　²/₃

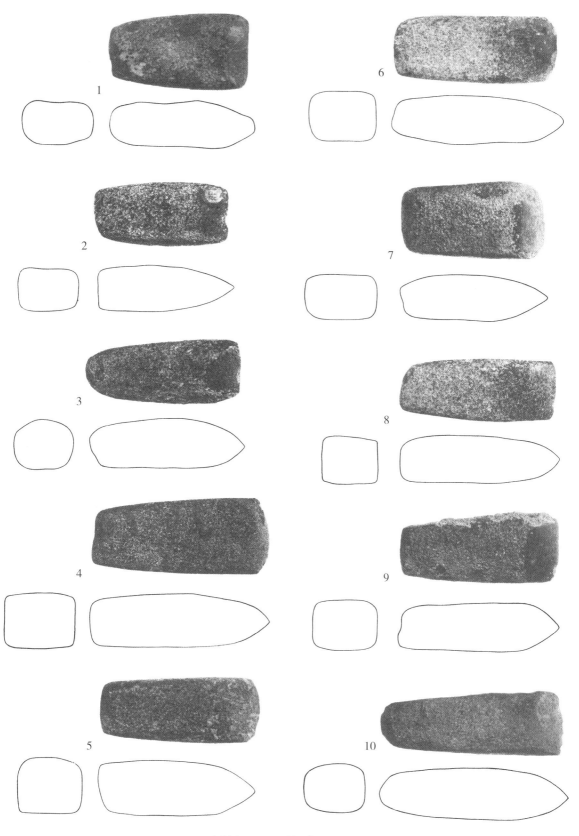

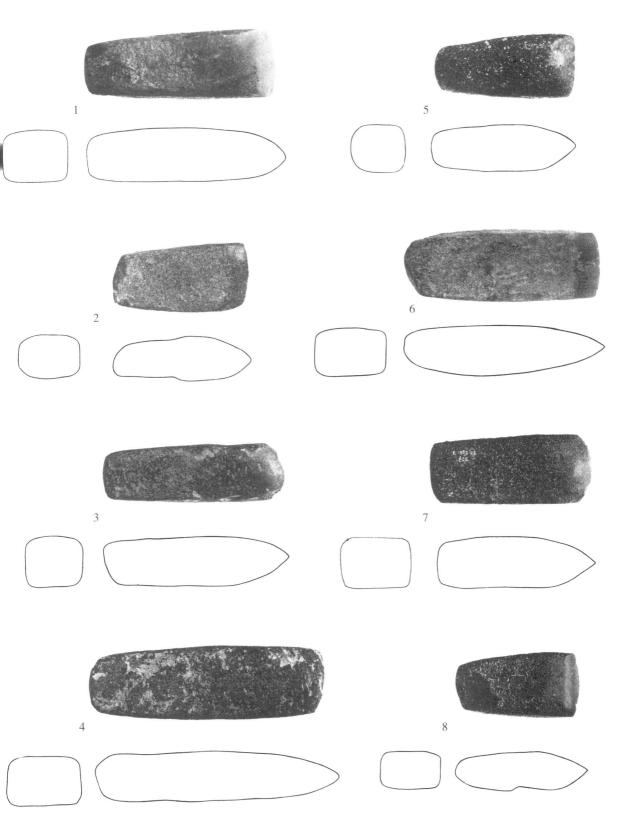

图版 119　不招寨　¹/₃

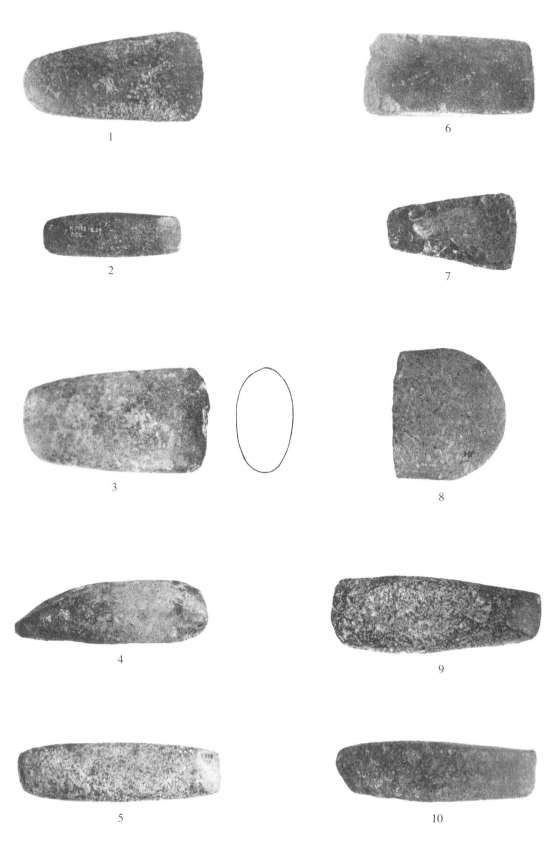

图版 120　不招寨　$^1/_2$

图版 121　不招寨　¹/₂

图版 122　不招寨　¹/₂

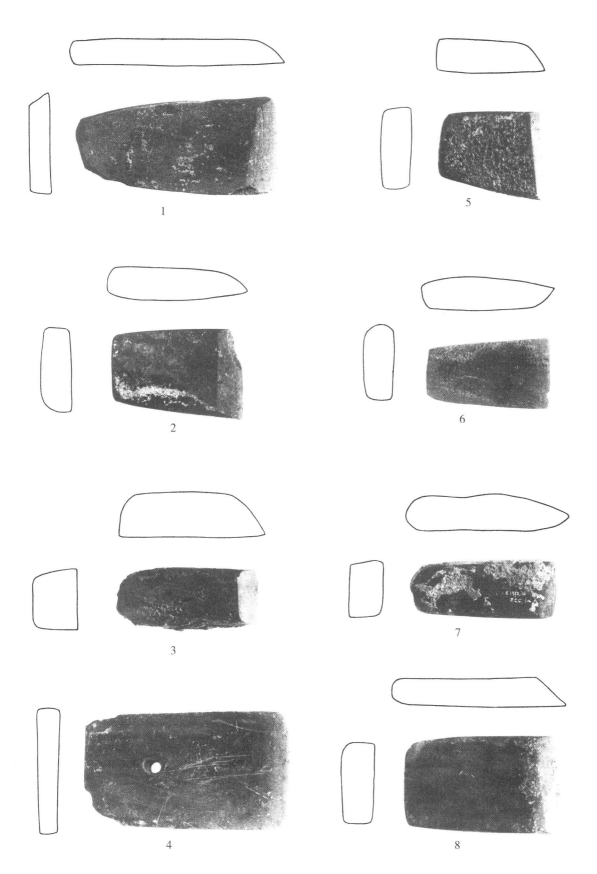

图版 123　不招寨　¹/₂

1a   1b   2a   2b

3a   3b

4a   4b   5a   5b

图版 124　不招寨　¹/₁

1a   1b   2a   2b

3a ι   3b   4a   4b

5

图版 125   不招寨 $^1/_1$

1a   1b   2a   2b   3a   3b

4a   4b   5a   5b   6a   6b

7a   7b   8a   8b   9a   9b

图版 126 不招寨 ¹/₁

图版 127　河阴 $^1/_2$

图版 128　河阴　1，7,10 ¹/₁；8，9，11，13 ¹/₂

图版 129　河阴　8 $\frac{1}{1}$；其他 $\frac{1}{2}$

图版 130　河阴　¹/₁

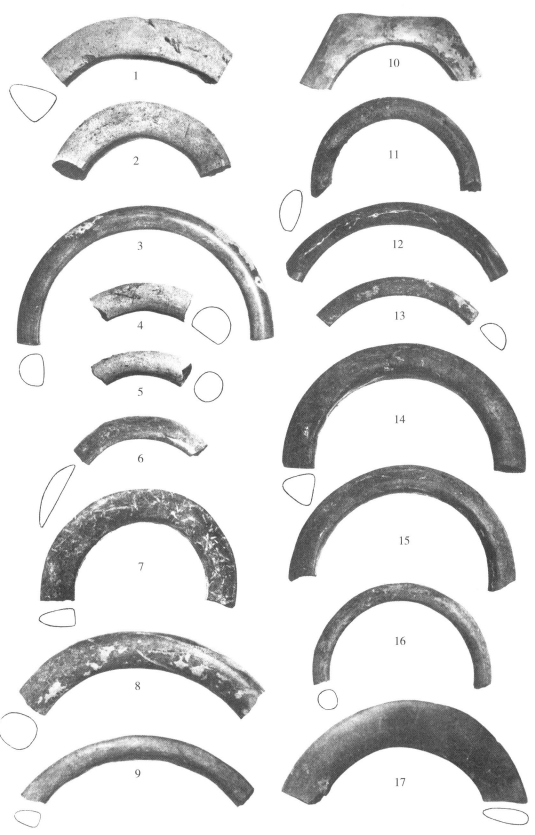

图版 131　河阴　¹/₁

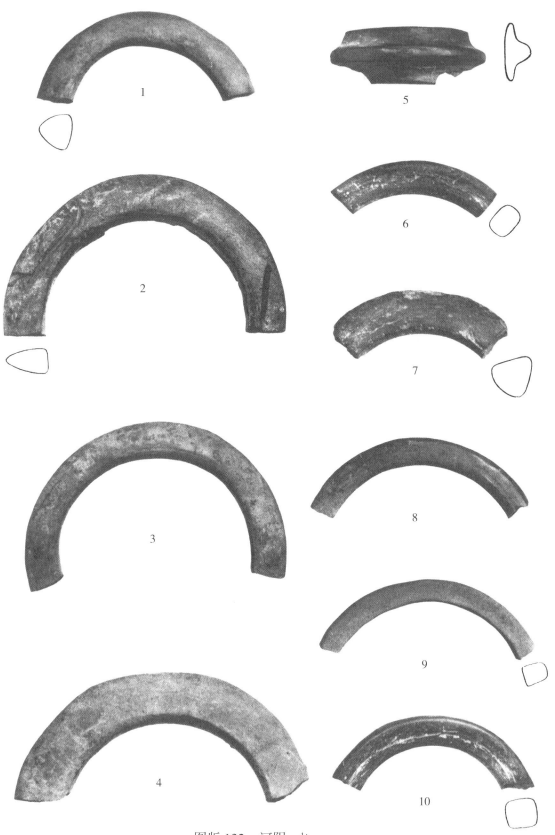

图版 132　河阴　¹/₁

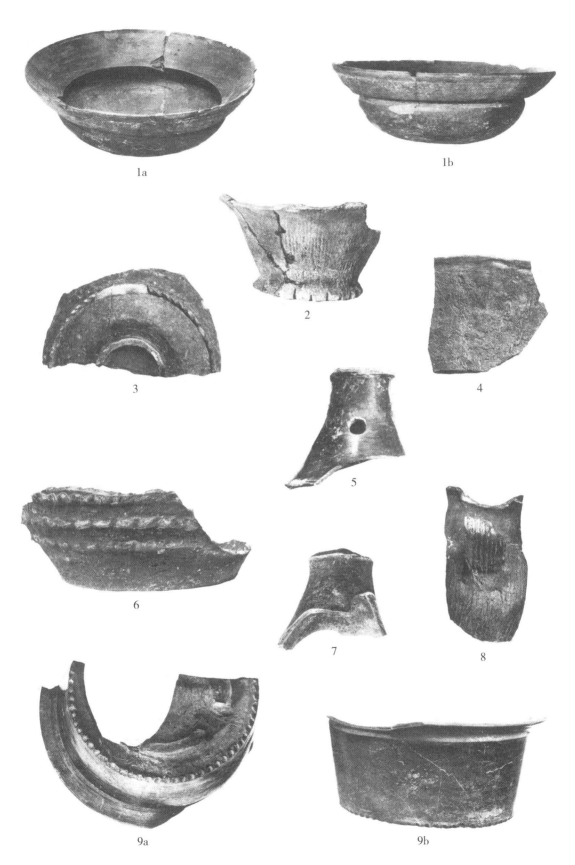

1a   1b

2

3

4

5

6

7

8

9a   9b

图版 133   河阴 $^1/_3$

图版 134 河阴 1，3，6 $\frac{2}{9}$；2，$\frac{1}{3}$

1

2

3

4

5

图版 136　河阴　¹/₂

图版137　河阴　1, 3, 4, 5 $\frac{1}{2}$; 2, 6, 7 $\frac{1}{1}$

1

2   3

4   5

图版 138　河阴　1，4 $^2/_9$；5 $^1/_6$

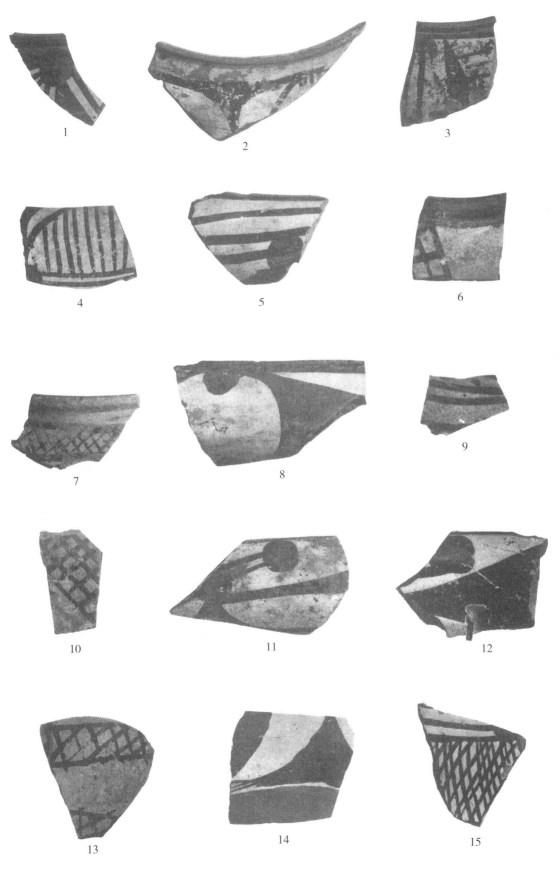

1　　　　　　　　　　2　　　　　　　　　　3

4　　　　　　　　　　5　　　　　　　　　　6

7　　　　　　　　8　　　　　　　　　9

10　　　　　　　　11　　　　　　　　12

13　　　　　　　　14　　　　　　　　15

图版 139　河阴　½

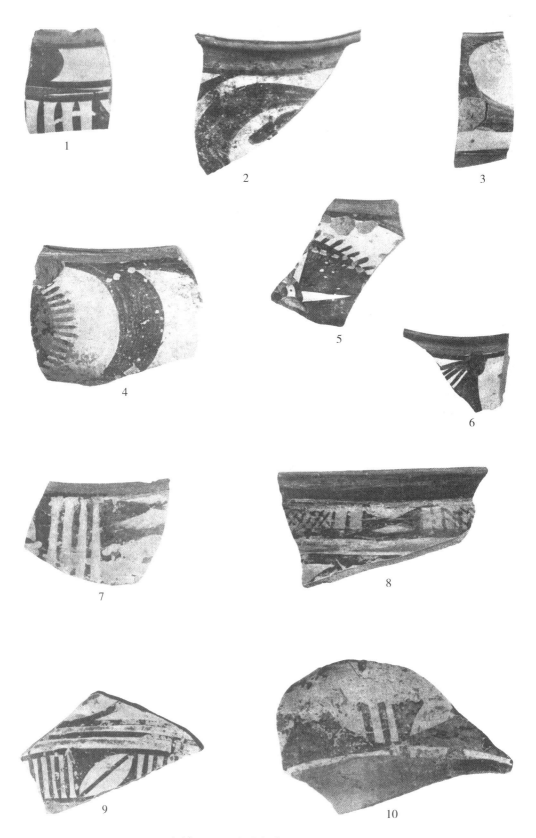

图版 140 河阴 ½

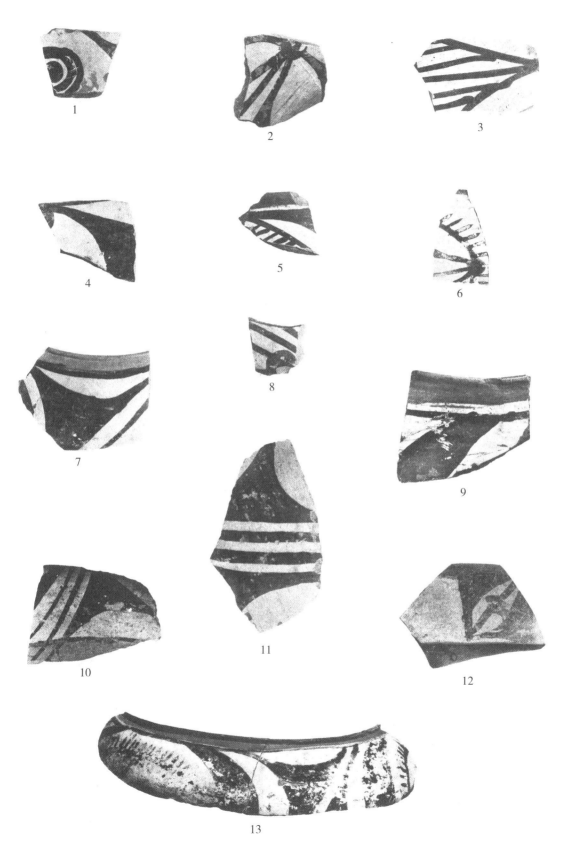

图版 141　河阴　1/2

1

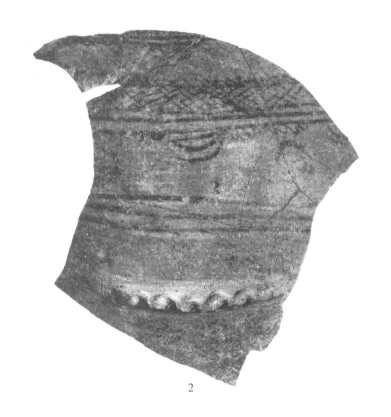

2

3

图版 142　河阴　½

图版 143　河阴　¹/₂

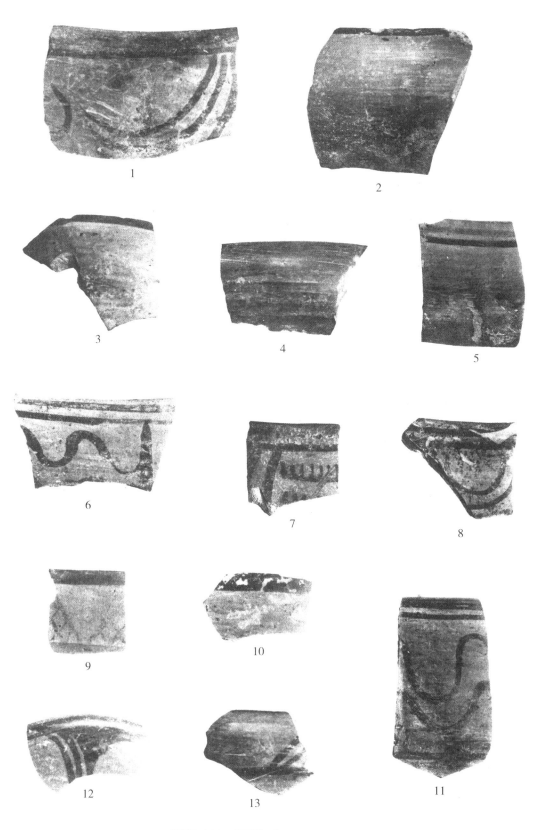

图版 145　河阴　¹/₂

图版 146　河阴　¹/₂

图版 147　河阴　¹/₂

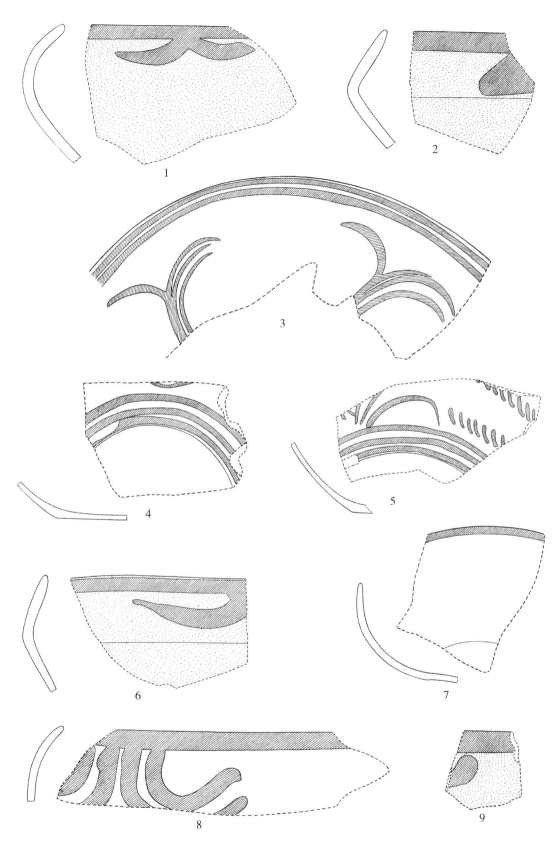

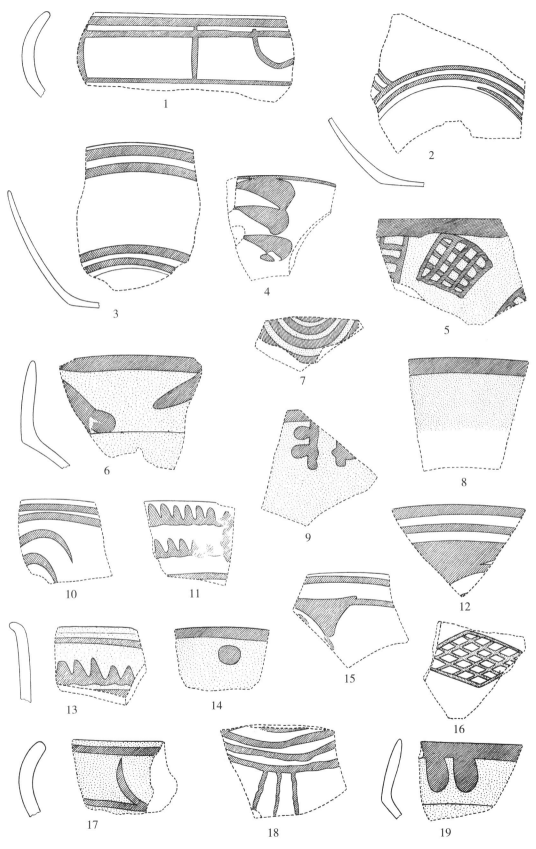

图版 149　河阴　½

译后记

一百年前，1921 年 10 月，中国北洋政府农商部矿政顾问安特生在河南渑池县仰韶村开始了中国的第一次考古发掘，仰韶遗址从此被载入史册，中国现代考古由此起步，仰韶文化因此命名。

1994 年 9 月，我无意间踏入考古学大门，开始了与仰韶文化的不解之缘。1997 年，我在仰韶村东北 40 千米的河南省新安县盐东遗址参加考古实习，发现了丰富的仰韶文化遗存。这是我的第一次田野考古经历，那些经我一铲一刷清理出来的精美彩陶，成为我穿梭时空，与古人对话的秘钥。1998 年，我在西北大学攻读硕士学位，开始较为系统的学习新石器时代考古，导师王建新教授开设仰韶文化研究研讨课，并指定严文明先生所著《仰韶文化研究》为必读书，期间我还参加了渑池班村遗址庙底沟时期遗存的发掘工作。参加工作后，我整理并撰写的第一篇考古简报也与仰韶文化有关（《洛阳市南陈遗址仰韶文化遗存的发掘》，《中原文物》2008 年 2 期）。以上或理论学习、或田野实践，让我对仰韶文化的认识逐渐深入。

2013 年 10 月，趁着首届中国公众考古·仰韶论坛会后参观，我终于有机会来到仰韶村遗址进行实地探查。记得那是一个雨天，我虽与同行的友人走散了，但并未急于追寻，索性一个人在路上徘徊；看着断崖上的灰坑、白灰面等遗迹，不由得想起安特生在《黄土的儿女》里的描述，这时恍然有种时光穿越的错觉，仿佛回到五千年前，与仰韶先民擦肩而过；仿佛回到一百年前，与安特生瞩目同样的时空。事后得知，我走的这段小路，正是安特生当年走过的。由此，我对安特生和仰韶文化的相关研究更加关注。

仰韶村，中国现代考古学史上的圣地；安特生，仰韶文化研究的拓荒者。无论是人还是地，我皆仰望之。所以，当渑池县杨拴朝先生委托我翻译这本安特生所著《河南史前遗址》时，虽然知道是个苦差事，但还是欣然同意了。

研究生求学期间，曾拜读过安特生的《黄土的儿女》和《甘肃考古记》，那种流畅的叙事方式记忆犹新。不过，这本《河南史前遗址》的风格似乎很不相同，是一本传统意义上的考古报告，较为详细的记录了安特生在河南仰韶村、不招寨和河阴县等地的考古发掘与调查收获，其中既有工作方法介绍，亦有大量的地层和遗迹、遗物描述，还包括不少遗址地貌环境背景记述与分析。

如果参考王巍先生对中国考古学从科学化、国际化和大众化三个层面进行概括，结合本书回望安特生在仰韶村的考古工作，我们会发现，仰韶村遗址的第一次发掘无疑是中国考古学科学化、国际化和大众化的重要起点。

就科学化而言，仰韶村遗址无论是测绘还是发掘，都极具科学性。遗址发掘期间，安特生、袁复礼及其助手在河南新安和渑池县做了大量工作，系统地了解遗址所在地的自然环境状况。他们对仰韶村遗址地形环境的分析，对地貌演变和人地关系的推断，对发掘区域地形图的绘制，对发掘地点的划分，都是在科学规范的准则下完成的。发掘结束后，他们按照质地、色泽、形制等内容，对出土遗物进行了科学分类和描述，这种记录方式至今大多仍在沿用。

就国际化而言，仰韶村遗址是中外学者合作开展考古发掘工作的典范。仰韶村遗址的发掘团队中，安特生、袁复礼分别是瑞典和中国地质学专家，师丹斯基是奥地利古生物学博士，布达生是加拿大解剖学家。这样一支各有专长、分工有序的队伍，保证了中国第一次科学考古发掘工作较为圆满的开展。除了国际化的团队，安特生还带来了一套当时欧洲较先进的田野考古发掘工具。此外，安特生还在《中华远古之文化》《中国史前史研究》等多部著作中提到了仰韶村遗址的相关考古发现，促进了中国考古工作的国际化传播。

就大众化而言，仰韶村遗址发掘成果的文字描述十分通俗易懂。安特生多次提及他在仰韶村工作期间的情绪变化，乐于分享他或困惑、或失落、或欣喜的心情，更乐于展示他解决问题的过程，这对初读考古发掘报告的研究者而言，无疑具有很好的启发作用。他在描述一些遗迹或遗物的时候，更青睐于用轻松、活泼的词汇，如袋状灰坑写作"Pockets"，箭镞写作"Heads"等等。在描述一些特殊社会现象时，他还会谈古论今，抨击时政，表达对中国老百姓的同情。这种撰写风格让我在阅读《河南史前遗址》时，有身临其境之感，安特生等前辈好像就在我的面前，与读者亲切交谈和分享他在发掘期间的收获与感悟。

一百年倏忽而过，却没有改变考古工作者对仰韶文化的追寻。目前，仰韶村遗址的发掘重新启动，仰韶文化的研究不断深入。2021年4月，我带领学生来到河南荥阳市，亦即《河南史前遗址》中提及的河阴县，开启了另一处仰韶文化遗址——楚湾遗址的考古发掘工作。从1997年到2021年，从盐东到楚湾，从学生到老师，我用二十多年的时光，换来与五千年前仰韶先民和一百年前研究仰韶文化的先驱安特生的不期而遇，这是一种不可思议的喜悦。

如果从1921年仰韶村遗址的发掘算起，今年是中国现代考古学诞生一百周年，也是仰韶文化发现一百周年。恰在今年，我带领学生发掘了一处仰韶文化遗址，翻译了一部仰韶文化著作，很有纪念意义。谨此追祭仰韶先民，致敬前辈学者！

本书是河南省渑池县资助出版的仰韶百年系列丛书之一，由中国社会科学院考古研究所所长陈星灿先生审定。本书原为远东古物博物馆馆刊第 19 号，1947 年在瑞典出版，全书包括文字 124 页、地图 4 张、图版 149 张，共 277 页，英文。

本次翻译工作由首都师范大学历史学院考古学专业教师王涛和新石器考古方向研究生秦存誉、徐小亚合作完成。全书共分三章，第一、二章较为详细的记录了仰韶村、不招寨遗址的考古工作，第三章简要记录了河阴县秦王寨、牛口峪、池沟寨、王家沟等遗址的考古工作。第一章由王涛、徐小亚翻译，第二、三章由秦存誉翻译。随后历经三次校对，三人轮流通读订正；最后由王涛通稿、定稿。翻译虽然枯燥，但并非毫无收获的复盘前人成果，其实也是不断学习的过程。书中多有专业词汇，文中原有中文为威妥玛式汉语拼音，还有部分德语，我们反复核对，列出绝大多数地名、遗址名，制成译名对照表。所有专有名词，也在文中第一次出现时标注英文，以免翻译时词不达意。限于水平与条件，书中错漏不当之处，还请读者见谅并指正。

本书在翻译过程中，得到中国社会科学院考古研究所所长陈星灿先生、北京大学考古文博学院秦岭老师、山西省考古研究院薛新明、张光辉先生指导帮助，谨此衷心感谢。文物出版社李睿、吕游二位编辑细致入微且高效的工作使得本书得以顺利付梓，深致谢忱。

王涛谨识

2021 年 9 月 28 日